/||| oekom

ClimatePartner °
klimaneutral

Verlag | ID: 128-50040-1010-1082

CO_2-Emissionen vermeiden, reduzieren, kompensieren –
nach diesem Grundsatz handelt der oekom verlag.
Unvermeidbare Emissionen werden durch Emissions-
minderungszertifikate mit Gold Standard ausgeglichen.
Mehr Informationen finden Sie unter: www.oekom.de

Bibliografische Information der Deutschen Nationalbibliothek:
Die Deutsche Nationalbibliothek verzeichnet diese Publikation
in der Deutschen Nationalbibliografie; detaillierte bibliografische
Daten sind im Internet über http://dnb.d-nb.de abrufbar.

Deutsche Erstausgabe
Copyright der Originalausgabe »Jorden vi äter«
(veröffentlicht als Jahrbuch des Schwedischen
Naturschutzvereins, Naturskyddsföreningen, Jg. 104):
© 2013 Ann-Helen Mayer von Bremen/Gunnar Rundgren
Copyright der Deutschen Ausgabe:
© 2014 oekom verlag München
Gesellschaft für ökologische Kommunikation mbH,
Waltherstraße 29, 80337 München

Abbildungen: Sea Wave, Fotolia (S. 71 o.),
Banana Republic, Fotolia (S. 71 u.), Wikipedia (S. 74),
Richard Mulonga (S. 96, 104, 120), Mats Olofsson (S. 126, 139, 141),
alle anderen: Ann-Helen Mayer von Bremen/Gunnar Rundgren

Lektorat: Susanne Dahmann
Korrektorat: Silvia Stammen
Innenlayout, Satz: Ines Swoboda, oekom verlag

Druck: GGP Media GmbH, Pößneck
Dieses Produkt ist auf Druckpapier gefertigt, das nach den
Richtlinien des Forest Stewardship Council® (FSC®) für
verantwortungsvolle Waldbewirtschaftung zertifiziert ist.

MIX
Papier aus verantwor-
tungsvollen Quellen
FSC® C014496

Ann-Helen Meyer von Bremen &
Gunnar Rundgren

Foodmonopoly

Das riskante Spiel
mit billigem Essen

September 23

Aus dem Schwedischen
von Nina Hoyer

INHALT

Vorworte

Für Ökolandbau gibt es keine Alternative 7
Prinz Felix zu Löwenstein

Es ist möglich! 10
Mikael Karlsson

Kapitel I
Am Ende des Weges 17

Kapitel II
Eine Reise durch Roundup-Ready-Land 35
USA

Kapitel III
Rinder, Schweiß und Soja 67
Brasilien

Für Ökolandbau gibt es keine Alternative

Noch weit ins neue Jahrtausend hinein war es die Hauptsorge der Europäischen Agrarpolitik, Überschüsse zu vermindern – Überschüsse, die von einer außer Rand und Band geratenen Agrarindustrie produziert werden. Da die staatlich unterstützte Verklappung von Fleisch, Milchprodukten und Getreide auf den Märkten der Dritten Welt zu teuer wurde und zudem mit den Grundregeln des Welthandels kollidierte, mussten andere Instrumente gefunden werden, als der Bau von Getreidespeichern und Kühlhäusern oder die Export-Subventionierung von landwirtschaftlichen Rohstoffen. Als eine Maßnahme zur Produktions-Reduzierung – also überhaupt noch nicht als Instrument zur Verbesserung landwirtschaftlicher Umwelt-Leistungen – wurde die Förderung des ökologischen Landbaus erfunden.

Aber das ist Agrargeschichte. Denn die Hungerrevolten von 2008 schoben ein Thema in die Schlagzeilen, das eigentlich gar nicht neu war: den Hunger. Die Wahrnehmung, dass jeder siebte der sieben Milliarden Mitbürger auf diesem Planeten hungert und mindestens noch einmal so vielen die Nährstoffe zu einer ausgewogenen Ernährung fehlen, beendete mit einem Schlag die Diskussion um die Überproduktion. »Es gibt ja gar nicht zu viel – sondern zu wenig!« Mit dieser Feststellung schlug die Stunde der Intensivierungs-Apologeten – und ihre Zeit dauert an. Kongresse und Podiumsdiskussionen reihen sich aneinander, auf denen mit der Notwendigkeit, die »Welt zu ernähren«, die Industrialisierung der Landwirtschaft als alternativlos begründet wird. Eine zweite grüne Revolution wird ausgerufen, in der die Intensivierung von mineralischer Düngung und chemisch-synthetischem Pflanzenschutz durch die Verbreitung der Gentechnik ergänzt wird. »Ökologischer Landbau? Um Himmels willen – den brauchten wir zur Produktionsminderung! Das ist ein Luxus für reiche Leute, den sich die Menschheit nicht mehr leisten kann.« So klingen die Kommentare, wenn denn überhaupt über Ökolandbau gesprochen wird. Ich habe einen Freund, der unlängst von einer Tagung der Deutschen Bank zu diesem Thema kam und beschrieb, was für die meisten dieser Veranstaltungen gelten dürfte: »Ich hatte das Gefühl, dass mich alle fassungslos anglotzen würden, wenn ich das Wort Ökolandbau in die Diskussion geworfen hätte.«

Unbestreitbar hat sich die Situation gedreht. Waren es früher die Ökos, die über einfache Argumente verfügten (»Chemieprodukte gehören nicht in die Natur. Wir verwenden sie nicht.«) so ist das heute die Gegenseite: »Wo zu wenig output ist, muss mehr input geleistet werden. Das kann die Agrarindustrie mit ihren Produkten.« Dagegen zu argumentieren, erfordert Differenzierung, Information und Mitdenken. Keine leichte Aufgabe in einer Diskussion, die nur über Schlagzeilen zu funktionieren scheint.

Zu funktionieren scheint – nicht funktioniert. Denn außerhalb der eleganten Kongresssäle formiert sich eine gesellschaftliche Bewegung, die nicht mehr schlucken will, was ihr als alternativlos aufgetischt wird. Eine Bewegung, die Zusammenhänge sieht zwischen einer Landwirtschaft, die den Boden wie ein lebloses Substrat und die Nutztiere wie Werkstücke in einem industriellen Produktionsprozess behandelt und einer Ernährung, die krank macht und die Ressourcen des Planeten plündert. Die wahrnimmt, dass diese Form von Landwirtschaft und Ernährung die Axt an die Wurzeln unserer Existenz anlegt, weil sie die biologische Vielfalt beeinträchtigt, das Klima anheizt, die Funktionsfähigkeit von Meeres-Ökosystemen beschädigt, Überschwemmungen begünstigt – die Liste ist lang und erschreckend. Diese Bewegung ist bereit, sich der Komplexität der Diskussion zu stellen und Zusammenhänge zu sehen. Sie braucht Informationen und Hintergrundwissen, das sie nicht aus Magazinbeiträgen beziehen kann. Das ist nicht leicht, denn auch auf der Seite derer, die ich die »unsrige« nenne, weil sie sich für eine Ernährungswende einsetzt, wird mitunter holzschnittartig und mit nahezu dogmatischer Festlegung von Positionen argumentiert. Wer da den Anspruch auf eine fundierte und abgewogene eigene Meinungsbildung aufrecht erhält, braucht gute Informationen. Der braucht Bücher wie dieses.

Die Autoren sind zu den Brennpunkten der globalen Lebensmittelproduktion gereist: Sie besuchten konventionelle Maisbauern und Biolandwirte in den USA, Rinderzüchter in Brasilien, Milchbauern in Indien und Modelle der Selbstversorgung in Afrika. Ihr Fazit: Überall auf der Welt entdecken Bauern »ihre« Variante einer Landbewirtschaftung, die sich perfekt an die spezifischen Bedingungen vor Ort anpasst und dadurch die natürlichen Ressourcen schont und den Menschen ein Auskommen ermöglicht. Die ökologische Landwirtschaft ist weltweit auf dem Vormarsch und sie ist ohne Alternative, wollen wir neun Milliarden Menschen ausreichend und gesund ernähren und gleichzeitig unsere Lebensgrundlagen erhalten.

Wenn Sie, liebe Leserin und lieber Leser, das Buch gelesen haben, dann teilen Sie hoffentlich meine Überzeugung, dass es nicht reicht, eine Meinung zu haben. Sondern dass wir politisch handeln müssen, weil ohne das die gesellschaftliche Transformation nicht stattfinden kann, zu der wir vor unseren Kindern verpflichtet sind.

Dr. Felix Prinz zu Löwenstein, Vorstandsvorsitzender des Bund Ökologische Lebensmittelwirtschaft (BÖLW)

Es ist möglich!

Wir befinden uns in einem großen Dilemma. Bis zu einer Milliarde Menschen hungern, nahezu die gesamte Landwirtschaft ist im Wesentlichen nicht nachhaltig organisiert. Dennoch konsumiert ein großer und zunehmender Teil der reichen Weltbevölkerung immer mehr.

Da kann man nichts machen, sagen die Pessimisten. Es gibt nur diesen Weg, sagen die Unbelehrbaren. Ändert es, sage ich. Warum sollte das nicht möglich sein?

In dem Buch »Foodmonopoly« möchte ich Sie mit auf eine Themenreise nehmen, bei der die angesprochenen Herausforderungen im Mittelpunkt stehen. Ich will versuchen, zwischen resignativem Pessimismus und naivem Optimismus einen Weg in die Zukunft zu weisen, auf dem wir uns bewegen müssen, und aufzuzeigen, welche Lösungen wir heute schon kennen. Zunächst müssen wir uns jedoch die dramatischen Fakten vor Augen führen, um die richtigen Maßnahmen einleiten zu können.

Etwa eine Milliarde Menschen sind chronisch unterernährt. Ihre Lebenserwartung ist kurz, sie sind krank oder leben unter unzumutbaren Lebensbedingungen. Viele von ihnen haben Tag für Tag mit ernsten Problemen zu kämpfen. Und viele von ihnen haben Kinder.

Denken Sie einen Moment über die Zahl »eine Milliarde« nach und vergleichen Sie sie mit dem Ausmaß anderer humanitärer Katastrophen. Denken Sie auch darüber nach, dass ausreichend Nahrungsmittel erzeugt werden, um alle Menschen satt zu machen. Wenn Sie das tun, kann am Ende nur eine große Frage stehen: Wie ist das möglich?

Die Antwort darauf lautet, dass in unserer Welt viele Menschen in Armut leben. Manchmal sind Katastrophen oder Konflikte die Ursache, weitaus häufiger jedoch eine schlechte Gesundheitsfürsorge oder einfach Unkenntnis, ein Mangel an natürlichen Ressourcen, sozialen Strukturen, demokratischen Entscheidungsprozessen und funktionierenden Märkten. Den Ernteertrag zu steigern könnte helfen, ist aber kaum die Herausforderung, um die es geht. Nicht selten ist das bereits geschehen, aber nach Umweltgesichtspunkten auf nicht nachhaltige Weise , also sozioökonomisch riskant und wenig weitsichtig.

Langfristige Ernährungssicherheit setzt Armutsbekämpfung voraus. Bei regionaler Betrachtung geht es um Maßnahmen auf drei Ebenen: vielseitige Strategien der Versorgung entwickeln, die Fähigkeit verbessern, mit Risiken und Veränderungen umgehen, sowie durch Ausbildunginitiativen, Gesundheitsreformen und mehr Chancengerechtigkeit Humanressourcen stärken.

Auf nationaler Ebene sind im weitesten Sinn eine stabile Demokratie, eine funktionierende Marktwirtschaft und eine wirksame Infrastruktur die Voraussetzung.

Auf globaler Ebene muss die Landwirtschafts- und Wirtschaftspolitik im Hinblick auf die Interessen der Armen reformiert werden. Nicht nachhaltige Subventionen in reichen Ländern müssen in Entschädigungszahlungen umgewandelt werden, und zwar so, dass sie nicht die armen Länder benachteiligen. Die Wirtschaftspolitik muss die LDC, die sogenannten »am wenigsten entwickelten Länder« vor unfairem Wettbewerb schützen und die Märkte der reichen Staaten für verarbeitete Erzeugnisse aus dem Süden öffnen.

Mit solchen politischen Reformen können Veränderungen der landwirtschaftlichen Systeme guten Gewinn bringen. Umgekehrt können fortschrittliche Agrarsysteme die Entwicklung ländlicher Räume fördern und sozioökonomische Reformen anstoßen.

Im Mittelpunkt der Armutsbekämpfung steht die Landwirtschaft, die in den meisten Ländern nicht auf Nachhaltigkeit ausgerichtet ist. Der Landbau der Industrieländer hat sich von fossilen Brennstoffen abhängig gemacht, die den Klimawandel vorantreiben. Diese Abhängigkeit gilt es zu bekämpfen, doch dazu bedarf es tiefgreifender Reformen.

Der Klimawandel wird die Wirtschaft weltweit hart treffen, am härtesten jedoch die Ärmsten, deren Lebensgrundlage eine Landwirtschaft ist, welche schon heute unter der zunehmenden Trockenheit leidet.

Die industriell betriebene Landwirtschaft basiert zudem auf einem umfassenden Einsatz von Stickstoff und Phosphor, was zum einen zu Überdüngung führt, zum anderen zur Überbeanspruchung der ohnehin schon knappen Ressourcen. Die Veränderung von Biotopen und ganzen Landschaften durch Monokulturen sowie die Ausbringung enormer Mengen an Pestiziden bedroht zugleich die biologische Vielfalt. Ökosystemleistungen, die grundlegend für den Wohlstand der Menschheit sind, gehen damit verloren.

Obwohl Wissenschaftler mittlerweile sicher sind, dass dadurch die Grenzen der Belastbarkeit unseres Planeten überschritten werden – und obwohl die Landwirtschaft für einen Großteil der Klimaveränderung, der Überdüngung, der Umweltverschmutzung und den Verlust von Vielfalt verantwortlich ist –, rufen manche unbeirrt nach immer noch mehr vom selben Rezept.

Andere denken weiter, suchen Lösungen, die es mancherorts schon gibt, und nicht zuletzt nach solchen Ansätzen, die überall entwickelt werden könnten. Dass dafür kein Patentrezept existiert, ist eine wesentliche Erkenntnis – der gemeinsame Nenner liegt darin, *dass die Maßnahmen auf die Verhältnisse vor Ort zugeschnitten* sein müssen. Viele Agrarsysteme auf der Nord- und Südhalbkugel funktionieren genau nach diesem Muster: sie wenden lokal vorhandenes Wissen konsequent an und begreifen die Agrarlandschaft als multifunktionales System.

Innerhalb der Agrarökologie spielt die Kombination von Pflanzenbau und Tierhaltung eine zentrale Rolle, weiterhin Misch- und Dauerkulturen, Elemente der Agroforstwirtschaft und eine schonende Bodenbearbeitung ohne Pflugeinsatz. Es werden vermehrt Stickstoff bindende Pflanzen angebaut, Methoden zur Kohlenstoffbindung im Boden kommen zum Einsatz.

Auf den Hektar bezogen, sind die Erträge des Ökolandbaus bislang geringer als die aus konventioneller Landwirtschaft, jedoch nur solange man die Umweltschäden ignoriert. Forschungen in weiten Teilen der Welt haben darüber hinaus gezeigt, dass eine auf agrarökologischen Erkenntnissen basierende Produktion die Ernte erheblich steigern kann, häufig ohne Einsatz von Umweltgiften und fossilen Brennstoffen. Diese Art der Landwirtschaft weist erwiesenermaßen nicht nur höhere Erträge und eine bessere Produktivität auf, sondern geht auch mit mehr Chancengleichheit und im weitesten Sinn mit mehr Wohlstand einher. Es ist daher unerlässlich, Institutionen, Finanzierungsmechanismen und Instrumente zu entwickeln, damit dieser Pfad weiterhin verfolgt werden kann.

Dabei geht es unter anderem darum, staatlich finanzierte Programme zur Pflanzenzucht wiederzubeleben, die Hilfen für den Agrarsektor auszubauen und festzuschreiben, Anreize dafür zu schaffen, Kohlenstoff langfristig im Boden zu fixieren, umweltschädliche Produktionsweisen nicht länger zu subventionieren sowie Umweltsteuern auf Emissionen und den Verbrauch endlicher Ressourcen zu erheben. Dennoch ist es zweifelhaft, ob eine innovative und nachhaltige Landwirtschaft ausreicht, um die globalen Probleme zu lösen. Die Ernährungsweise vieler Menschen ist wenig nachhaltig und wir werden immer mehr; auf lange Sicht wird die Erde von neun Milliarden Menschen bevölkert sein. Das führt uns auf die andere Seite der Medaille, zum Verbraucher.

Rund die Hälfte der weltweiten landwirtschaftlichen Nutzfläche wird für die Produktion von Tierfutter aufgewendet – ein extrem ressourcen- und energieintensives, nicht selten umweltschädigendes System. Dabei gibt es etwa mit der Grünland- und Weidewirtschaft durchaus umweltverträgliche Formen der Tierproduktion. Sie konkurrieren nicht mit anderen Formen der Nahrungsmittelproduktion, die Weidewirtschaft führt oftmals sogar zu einer Erhöhung landschaftlicher Vielfalt.

Vor diesem Hintergrund ist es wichtig, den weltweiten Fleischkonsum zu verringern. Hier sind auch und gerade die Menschen in den westlichen Industrieländern angesprochen, deren Fleischkonsum stark zunimmt. Dabei wäre ein Verzicht nicht zuletzt aus gesundheitlichen Gründen von Vorteil, da ein hoher Fleischkonsum das Risiko für Herz- und Gefäßerkrankungen signifikant erhöht. Privatwirtschaftlich gesehen, spart ein verminderter Fleischkonsum Geld, das anderswo eingesetzt werden kann, etwa für den Kauf von Bio- und Fair-Trade-Produkten.

Ein ebenso wichtiger Aspekt ist die Reduzierung der Abfallmengen. Viele beklagen, dass Lebensmittel zu teuer seien (wobei übersehen wird, dass wir heute einen weitaus geringeren Teil unseres Einkommens für Nahrungsmittel aufwenden als jemals zuvor) und werfen trotzdem Unmengen an Lebensmitteln in den

Müll. Der Verschwendung von Lebensmitteln Einhalt zu gebieten ist entscheidend dafür, ob wir die Probleme im Agrar- und Ernährungssektor in den Griff bekommen.

Betrachtet man all die positiven Aspekte und Beispiele, tritt anstelle des eingangs erwähnten Fragezeichens ein Ausrufezeichen: Natürlich ist es möglich! Man kann eine nachhaltige Landwirtschaft entwickeln, die eine globale Lebensmittelversorgung und weitere Ökosystemleistungen sicherstellt.

Doch das setzt nicht nur Veränderungen in der Landbewirtschaftung voraus, sondern auch politische Reformen. In marktwirtschaftlich orientierten, demokratischen Staaten sollte dies möglich sein.

Das wiederum setzt ein stärkeres Engagement von uns allen und die Zusammenarbeit aller Betroffenen voraus. Das vorliegende Buch liefert hierfür nicht nur die Grundlagen; es ist durch seine Darstellung als Weltreise eine imposante Quelle der Inspiration.

Im Grunde ist es eine ethische Frage, wie wir zu den Herausforderungen und Chancen stehen, die in diesem Buch geschildert werden. Wir sollten uns stärker für eine bessere Welt engagieren, aber wir sollten dies gemeinsam und aus dem bestmöglichen Wissen heraus tun. Alle stehen hier in der Pflicht: die Wissenschaft, all die Bauern dieser Welt und natürlich der große Rest der Verbraucher.

Es ist möglich eine nachhaltige Landwirtschaft zu schaffen, die alle mit Nahrungsmitteln versorgt – und wir alle können einen wertvollen Beitrag dafür leisten.

Mikael Karlsson,
Vorsitzender des Schwedischen Naturschutzvereins

Kapitel I

Am Ende des Weges

In den kommenden 40 Jahren muss die Landwirtschaft weitere zwei bis drei Milliarden Menschen mit Nahrung versorgen. Können wir überhaupt so viele Menschen ernähren oder stoßen wir damit an die Grenzen dessen, was die Erde bewältigen kann? Lässt sich das mit ökologischer Landwirtschaft bewerkstelligen? Und werden die Bauern dieser Welt die Herausforderung annehmen?

»Mama, wir haben keine Milch mehr«, schreit der Junge aus der Küche.

»Dann lauf zum Laden und kauf' neue!«

So lautet heute die selbstverständliche Antwort. Sind die Lebensmittel alle, kaufen wir neue. Der Supermarkt liegt gleich um die Ecke, hat täglich zwölf Stunden geöffnet und fast immer haben wir Geld zum Einkaufen. So ist es für uns, jedoch nicht für alle Menschen. Eine knappe Milliarde hungert. In 40 Jahren muss die Landwirtschaft weitere zwei bis drei Milliarden Menschen mit Nahrungsmitteln versorgen. Können wir überhaupt so viele Menschen ernähren oder stoßen wir damit an die Grenzen dessen, was die Erde bewältigen kann? Diese Gedanken sind keineswegs neu. Schon 1798 war der britische Nationalökonom Thomas Robert Malthus der Ansicht, dass die Erde überbevölkert sei und ihre Bewohner nicht ernähren könne. Zu der Zeit lebten noch nicht einmal eine Milliarde Menschen auf der Erde. 170 Jahre später, im Jahre 1968, veröffentlichten die Biologen Anne und Paul Ehrlich das Buch *The Population Bomb (Die Bevölkerungsbombe)*, in dem sie sich mit demselben Thema auseinandersetzen. Damals bevölkerten dreieinhalb Milliarden Menschen die Erde.

Heute treibt diese Frage erneut die ganze Welt um. Die industrialisierte Landwirtschaft, die in weiten Teilen der westlichen Welt nach dem Zweiten Weltkrieg entstand und sich später in die Entwicklungsländer ausgebreitet hat, ist nicht zu der Erfolgsgeschichte geworden, die man sich erhofft hatte. Wir haben zwar mehr Nahrungsmittel – tatsächlich stand uns noch nie so viel und so preiswerte Nahrung wie heute zur Verfügung und insgesamt übersteigt die vorhandene Kalorienmenge den Bedarf um das Doppelte –, dennoch leiden fast eine Milliarde Menschen Hunger. Wenn wir dann noch konstatieren, dass eineinhalb Milliarden Menschen übergewichtig sind, wird offensichtlich, dass etwas grundlegend schiefläuft. Es geht also nicht um einen Mangel an Nahrung, sondern vielmehr um einen Mangel an Gerechtigkeit.

Die heutige Landwirtschaft ist imstande, eine ausreichend große Menge an Nahrungsmitteln zu produzieren – und doch ist sie für eine Reihe von Umweltproblemen verantwortlich, die so gravierend sind, dass sie unsere zukünftige Lebensmittelversorgung bedrohen. Kein anderer Wirtschaftszweig übt einen so großen Einfluss auf die Natur aus wie die Landwirtschaft, nicht zuletzt deshalb, weil sie auf mehr als einem Drittel der Landfläche der Erde betrieben wird. Die Landwirtschaft ist eine so starke Kraft, dass sie die lebenserhaltenden Kreisläufe der Natur aus dem Takt bringen kann. Wenn wir Flüsse stauen, Feuchtgebiete trockenlegen und die Felder künstlich bewässern, hat das Auswirkungen auf den Wasserkreislauf; wenn wir düngen, verändern wir die weltweiten Stoffkreisläufe von Phosphor, Stickstoff und Kalium.

Wenn wir die Äcker pflügen oder zu viele Tiere in labilen Regionen weiden lassen, stören wir das natürliche Gleichgewicht der Natur. Wir behindern die Neubildung von wertvollem Boden und verlieren mit dem Humus die Grundlage der Fruchtbarkeit. Die Landwirtschaft hat sogar Einfluss auf Wetter und Klima, denn sie gilt als einer der großen Verursacher des Treibhauseffekts. Für alle Menschen, denen der Erhalt unserer Lebensgrundlagen am Herzen liegt, muss die Zukunft der Landwirtschaft daher eine der wichtigsten Fragen sein.

Jede Form der Landwirtschaft begünstigt bestimmte Arten auf Kosten anderer, das gilt selbst für den friedfertigsten Balkongärtner. Manche Arten definieren wir als Unkraut, dem wir zu

Leibe rücken, so wie wir einen Teil der Insekten, Mikroorganismen und anderen Tiere als Schädlinge klassifizieren und sie deshalb verscheuchen oder vernichten. Überspitzt formuliert sind diese Eingriffe Sinn und Zweck von Landwirtschaft, doch wenn wir es zu weit treiben, wird ein solches Vorgehen zum Problem.

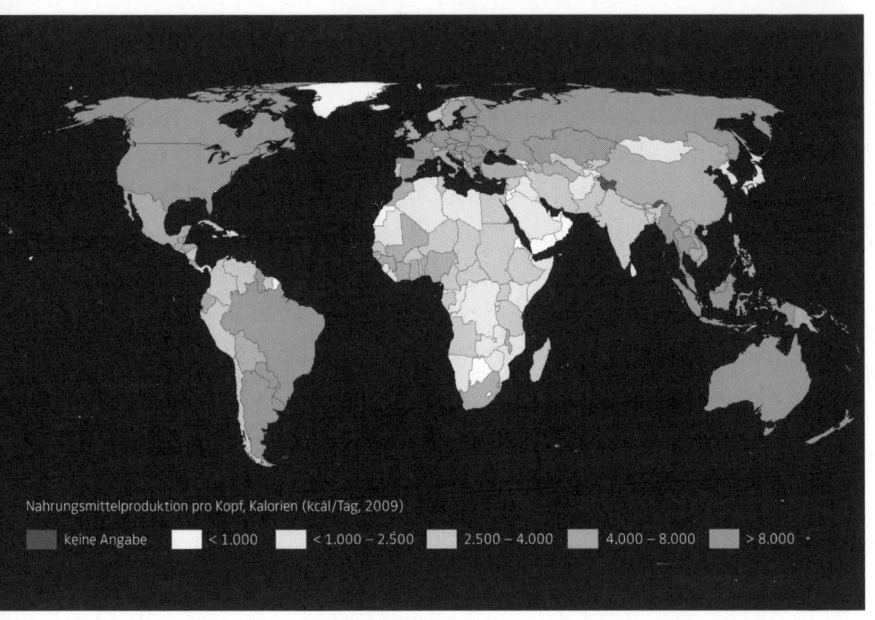

Nahrungsmittelproduktion pro Kopf, Kalorien (kcal/Tag, 2009)

keine Angabe   < 1.000   < 1.000 – 2.500   2.500 – 4.000   4.000 – 8.000   > 8.000

Der weltweite Kalorienverbrauch: Schon heute wird genügend Nahrung produziert, um etwa 14 Milliarden Menschen zu ernähren. Das Problem besteht nach wie vor in der ungleichen Verteilung und Verfügbarkeit. Quelle: FAO

Viele Verfechter der industriellen Landwirtschaft sind sich der umfassenden Umweltprobleme durchaus bewusst, glauben jedoch, dass diese vor allem darauf zurückzuführen sind, dass die Landwirte die zahllosen »Errungenschaften« wie Kunstdünger, Pestizide, gentechnisch veränderte Pflanzen, Antibiotika oder

Wachstumshormone nicht richtig einsetzen. Doch womöglich liegt der Fehler nicht bei den Landwirten, sondern in unserem heutigen Lebensmittelsystem, das nichts anderes kann, als eine bestimmte standardisierte Menge zu einem Spottpreis zu produzieren. Für den Schutz der Umwelt, den Erhalt eines guten Erdklimas, Landschaftspflege oder Nahrungsmittelqualität scheint es sich nicht zuständig zu fühlen.

Während die Landwirtschaft immer monotoner und eintöniger wird, verhält es sich mit dem Inhalt unseres Kühlschranks genau umgekehrt – er ist randvoll. Darin stapeln sich griechische Oliven, asiatische Saucen und verschiedene Gewürzmischungen, Käse aus Frankreich oder der Schweiz, Salami aus Italien, Ananas aus Uganda und Äpfel aus dem Garten meiner Mutter in Värmland. Und welche Milch war eigentlich alle, als mein Sohn sich beschwerte? Die fettarme Biomilch, die Vollmilch oder die laktosefreie?

Als ich in den 1980er Jahren in Värmland aufwuchs, gab es bei uns nur eine Sorte Milch im Kühlschrank – diejenige vom Nachbarhof. Überhaupt wies der Kühlschrank in meiner Jugend eher wenige Lebensmittel aus anderen Ländern auf. Heute fließen die Handelsströme mit Nahrungsmitteln immer schneller um die Welt. Und das ist innerhalb kürzester Zeit passiert. Wenn ich daran zurückdenke, wie der Inhalt des Kühlschranks in meiner Kindheit aussah, kann ich nicht behaupten, dass es früher besser war. Die Explosion des Nahrungsmittelangebots in den letzten Jahrzehnten war wie ein Schritt in ein weltumspannendes Schlaraffenland, das ich mir als Kind nicht einmal hätte erträumen können.

Doch dieser Eindruck stimmt nur zum Teil, denn wenn wir ein wenig an der Oberfläche dieses riesigen Lebensmittelangebots kratzen, erkennen wir schnell, dass die Vielfalt in gewisser Hinsicht eine Illusion ist. Als ich ein Teenager war, gab es Fetakäse nur in Griechenland. Heute gibt es ihn in unzähligen Varianten, doch geschmacklich gibt es nahezu keine Unterschiede, weil so gut wie niemand um den Geschmack konkurriert, sondern nur um den Preis, die Verpackung und das Image. Diese Uniformität wird noch dadurch geschürt, dass nur eine kleine Zahl von Unternehmen hinter dem Großteil der Lebensmittel in unseren Supermärkten steht. Die hier skizzierte Vereinheitlichung ist genauso in den Restaurants zu beobachten und trägt, wo immer wir uns gerade auf der Welt befinden, zu einem immer eintönigeren Angebot bei. Das gilt nicht nur für die Schnellimbissketten, sondern sogar für die besten Restaurants der Welt. Der Kunde von McDonald's weiß immer genau, was er bekommt, ganz egal, ob er seinen Burger in Deutschland, den USA oder sonstwo zu sich nimmt. Aber, so könnte man behaupten, das gilt letztlich auch für die Gourmets, die mit dem Guide Michelin umherreisen und überall auf der Welt die Restaurants der Sterneköche besuchen.

Gehen wir ein paar Schritte in der Produktionskette zurück, stoßen wir dort auf dieselbe Entwicklung. Die große Vielfalt an Pflanzen- und Tierarten, die Landwirte über Generationen gezüchtet haben, ist auf einige wenige Sorten und Arten zusammengeschmolzen. Mit nur drei Getreidesorten – Weizen, Mais und Reis – werden heute 60 Prozent des weltweiten Kalorienverbrauchs gedeckt. Und wenn wir unseren Blick über die Landschaft schweifen lassen, sehen wir Spuren der Eintönigkeit und der Standardisierung auch dort – in Form von immer größeren landwirtschaftlichen Betrieben, die sich zunehmend spezialisieren und die kleineren verdrängen. Diese Spezialisierung aber bringt eine Reihe an Umweltproblemen mit sich: den Verlust von Biodiversität, die Erosion der Böden oder die Überdüngung der Gewässer.

Die Zahl der Milchviehbetriebe in Deutschland hat sich von 1990 bis 2012 halbiert, 2013 waren es noch rund 158.000 Betriebe. Auch die Anzahl der Milchkühe ist rückläufig, sie weiden nicht mehr im selben Umfang wie früher, sondern bekommen ihr Gras in Form von Heu oder Silage serviert oder werden mit extrem preiswertem Getreide gefüttert – zulasten der Weidewirtschaft. Im 20. Jahrhundert haben wir in weiten Teilen Europas neun Zehntel unseres artenreichen Weidelands und der Wiesen verloren, und das ist nur ein Beispiel dafür, wie unsere Jagd nach immer billigeren Nahrungsmitteln auch die Landschaft verändert hat.

> »Womöglich liegt der Fehler nicht bei den Landwirten, sondern im vorherrschenden System.«

Die Auswirkungen unserer Ernährungsgewohnheiten sind weit über die Grenzen Europas hinaus sichtbar. Wir lagern unsere Nahrungsmittelproduktion weiterhin aus – verantwortlich dafür sind Entscheidungen, die wir tagtäglich im Supermarkt treffen. Vor allem aber ist es die permanente Rationalisierung und der zunehmende Preisdruck, dem die Landwirtschaft ausgesetzt ist. Abgesehen davon, dass wir immer mehr Nahrungsmittel importieren, werden auch in Brasilien und Teilen Asiens Soja und Ölpalmen angepflanzt, deren Erzeugnisse unseren Kühen, Hühnern und Schweinen als Futter dienen. Bis zu einem Drittel der Landfläche, die ein Mitteleuropäer für seine Lebensmittelversorgung benötigt, befindet sich im Ausland. Unsere

Nahrungsmittelversorgung ist Teil eines weltumspannenden Netzes, in dem alles mit allem zusammenhängt.

Der Slogan der Bauernbewegung »Aus der Erde auf den Tisch« ist im wörtlichen Sinne zutreffend. Was wir auf unsere Teller legen, beeinflusst unsere Lebensmittelproduktion, unsere Landwirtschaft, unsere Landschaft, ja die gesamte Natur – um uns herum und in uns. Umgekehrt bestimmen die Produktentwicklung in der Lebensmittelindustrie sowie neue Technologien und der Strukturwandel in der Landwirtschaft unsere Speisekarte. Es ist kein Zufall, dass wir heutzutage viel mehr Lachs, Margarine und Geflügel essen als früher. Lachs ist zur Alltagskost geworden, weil man gelernt hat, Lachse in großem Maßstab zu züchten. Hühnchen ist vom Luxus- zum Billigartikel geworden, weil die Zucht industrialisiert werden konnte und die Haltungskosten immer weiter sanken, weshalb wir heute zehnmal mehr Geflügel konsumieren als vor 50 Jahren. Und hätte nicht ein französischer Chemiker im 19. Jahrhundert eine Methode erfunden, um aus Pflanzenölen ein butterähnliches Produkt zu entwickeln, hätten wir unser durch Jahrhunderte hindurch wichtigstes Speisefett – die Butter – nicht links liegen lassen. Heute essen wir vier- bis fünfmal so viel Margarine wie Butter; die Deutschen sind die fleißigsten Margarineesser. Neue Technologien und Methoden haben diese drei Lebensmittel zu Verkaufsschlagern gemacht, nicht zuletzt aber auch deshalb, weil die Verbraucher das Angebot annahmen.

Während die Kritik immer lauter wird und Millionen Landwirte immer öfter unter Beweis stellen, dass eine ökologische Landbewirtschaftung eine attraktive, machbare Option ist, lautet das Gegenargument nach wie vor: Masse.

Biolandbau könne immer nur ein reizvolles Nischenprodukt sein, so die Kritiker. Wenn Nahrung in ausreichender Menge auf den Tisch kommen solle, sei eine industrielle Landwirtschaft mit großen Betrieben und Flächen unverzichtbar. Doch welche Nahrung und zu welchem Preis? Diese Fragen werden am liebsten unter den Teppich gekehrt.

Wenn von der Landwirtschaft der Zukunft die Rede ist, verlieren sich die Befürworter eines »Weiter so« nur all zu leicht in technischen Details. Sollen Pestizide eingesetzt werden oder nicht? Wie viele Tonnen Stickstoff können in Form von Kunstdünger und Viehdung in den Boden abgegeben werden? Führt die Gentechnik in den Himmel oder in die Hölle? Soll unsere Ernährung aus Fleisch oder aus Linsen bestehen? Diese Argumentation zeigt, dass wir die Landwirtschaft für eine Maschine halten, die wir verändern können, indem wir den einen Hahn öffnen und den anderen zudrehen. Natürlich ist es von Bedeutung, welche Hilfsmittel und Methoden in der Landwirtschaft eingesetzt werden – sie sollen auch in diesem Buch noch diskutiert werden – aber eine wirkliche Veränderung darf sich nicht auf die technologische Seite beschränken, sondern bedarf auch einer anderen Politik, einer anderen wirtschaftlichen Sichtweise, eines anderen Systems.

Wie wird sie also aussehen, die Landwirtschaft der Zukunft? In diesem Buch wollen wir eine Idee davon entwerfen. Wir haben bei Weitem nicht auf alle Fragen eine Antwort, sehen jedoch, dass eine ökologische Landwirtschaft auch in großem Maßstab möglich ist. Und nötig. Eine Landwirtschaft, in der die Nährstoffkreisläufe durch eine Kombination aus Ackerbau und Viehzucht funktionieren, in der man vielseitige Fruchtfolgen aus stickstoffbindenden Pflanzen und Nutzpflanzen anlegt. Eine Landwirtschaft, in der keine Pestizide, keine vorbeugenden Antibiotika oder Kunstdünger zum Einsatz kommen. Und in der die Tiere artgerecht gehalten werden. Diese Landwirtschaft ist eine Weiterentwicklung dessen, was wir heute als ökologische Landwirtschaft bezeichnen, oder eine Landwirtschaft, die durch Bio-Siegel als »nach ökologischen Qualitätskriterien betrieben« definiert wird. Es wird eine Landwirtschaft sein, die weniger abhängig von fossilen Brennstoffen ist und die ihre Klimabilanz deutlich verbessert hat.

Um von einer ökologisch, sozial sowie wirtschaftlich nachhaltigen Landwirtschaft sprechen zu können, müssen wir von den gegebenen, lokal vorhandenen Ressourcen ausgehen und maßvoll mit ihnen umgehen. Der globale Lebensraum bietet eine Vielzahl unterschiedlichster Naturfaktoren, weshalb auch die Voraussetzungen für die Landwirtschaft unterschiedlich sind. Aus diesem Grund sind wir in verschiedene Teile der Welt gereist, um uns ein Bild davon zu machen, wie die Lösungen von gestern, heute und morgen aussehen (könnten). Wir haben Länder besucht, deren Landwirtschaft sich in verschiedenen Entwicklungsstadien befindet. Wir haben der industrialisierten amerikanischen Landwirtschaft einen Besuch abgestattet, der expansiven Brasiliens und den armen Kleinbauern in Afrika, die ihr Land noch immer von Hand bestellen. Wir haben uns auch auf den Weg in das bevölkerungsreiche Indien gemacht, in dem trotz der sogenannten »grünen Revolution« – und obwohl genügend Nahrungsmittel vorhanden sind, um alle zu ernähren – noch immer die meisten hungernden Menschen in der Welt leben. Darüber hinaus haben wir einen kurzen Abstecher in ein großes holländisches Gewächshaus gemacht und gelernt, dass man sehr viel mehr Nahrungsmittel pro Quadratmeter produzieren kann, wenn man bereit ist, enorme Energie- und Kapitalmengen zu investieren. Auch Schweden haben wir nicht vergessen, ein Land, in dem die Landwirte ums Überleben kämpfen und viele schon ihren Betrieb aufgeben mussten – eine Situation, wie sie in vielen anderen mitteleuropäischen Ländern wie Deutschland oder Frankreich ebenso anzutreffen ist.

Wir haben uns dafür entschieden, einige typische Vertreter aus der Landwirtschaft der verschiedenen Länder vorzustellen, haben aber auch Bauern getroffen, die ihren eigenen Weg gehen und ihr Land auf eine ökologische Weise bewirtschaften wollen. Wir haben keine Bananenplantagen besucht, die regelmäßig mit Giftcocktails aus Flugzeugen besprüht werden, auch keine Hühner- und Schweinefabriken. Diese Art der Lebensmittelerzeugung ist bedauerlicherweise weitverbreitet, aber auch gut dokumentiert und in vielen verschiedenen Zusammenhängen kritisiert worden.

Während unserer Reise ist noch deutlicher geworden, dass die Geografie und die lokalen Verhältnisse eine große Rolle bei der Frage spielen, wie sich eine ökologische Landwirtschaft gestalten lässt. In weiten Teilen Europas ist Wassermangel kein Problem, wohl aber in manchen Regionen Indiens, wo er die Menschen dazu zwingt, ihre Heimat zu verlassen. Viele afrikanische Länder besitzen große ungenutzte Wasserressourcen, die für die Bewässerung in der Landwirtschaft ohne Nachteile eingesetzt werden könnten, um die Ernteerträge zu erhöhen, aber die Armut behindert die Entwicklung. Rindfleisch gilt als einer der großen Klima- und Umweltkiller, doch das gilt beispielsweise nicht für Namibia, wo die Fleischerzeugung ressourcenschonender gestaltet werden kann als der Getreideanbau. Und womöglich wäre es in Teilen der amerikanischen Prärien klüger, Rinder durch Büffel zu ersetzen.

Schlüsseldaten einiger besuchter Länder

	Sambia	Indien	Brasilien	Schweden	USA
BIP/pro Kopf (Dollar)	1.254	3.468	10.162	35.837	43.017
Anteil Beschäftigte in der Landwirtschaft	63 %	48 %	11 %	1,5 %	1,7 %
Nettoeinkommen/pro Beschäftigtem in der Landwirtschaft (Dollar)	220	468	3.760	37.800	49.500
Durchschnittliche Lebenserwartung (Jahre)	49	65	74	81	78
Energieverbrauch/pro Person (Kcal/Tag)	1.880	2.360	3.120	3.110	3.750
Fleischkonsum/pro Person (kg/Jahr)	12	3	80	79	127
Anteil Unterernährter	44 %	19 %	6 %	< 2,5 %	< 2,5 %
Anteil stark Übergewichtiger (BMI > 30)	–	> 0,7 %	11 %	12 %	33 %
Selbstversorgungsgrad mit Nahrungsmitteln	101 %	95 %	140 %	91 %	124 %

Quellen: FAO, Weltbank, UNDP, WHO, Angaben von 2007 – 2011

Wir haben gesehen: die Welt ist sehr komplex. Auf der einen Seite hat die stark angestiegene Produktion von Rindfleisch und Soja in Brasilien dazu geführt, dass große Waldgebiete gerodet wurden, auf der anderen Seite ist Brasilien das Land der Erde, das den größten Teil seiner Natur bewahrt. Die holländischen Paprikazüchter hingegen sind sicherlich Weltmeister, wenn es darum geht, möglichst große Mengen Paprika pro Quadratmeter anzubauen, und sorgen geschickt dafür, Nährstoffverluste zu minimieren; im Hinblick auf den Energieverbrauch sind sie jedoch völlig ineffizient.

Auch wenn die Umwelt vor Ort die Landwirtschaft sehr unterschiedlich geprägt hat, haben wir auf unserer Reise gesehen, dass überall ähnliche Phänomene auftreten. Eines dieser Phänome ist die soziale Verelendung. Dass die armen Kleinbauern in Sambia, die ums Überleben kämpfen, davon betroffen sind, ist einleuchtend; dass sie aber auch im US-Bundesstaat Illinois mit seiner höchst produktiven Landwirtschaft auftritt, ist überraschend. Eigentlich müsste der ländliche Raum dort regelrecht aufblühen. Stattdessen führt der Strukturwandel dort dazu, dass die Infrastruktur verfällt, Orte und Gemeinden überaltern oder zu Geisterstädten werden. Unabhängig davon, wo wir leben, scheinen immer weniger Menschen in der Landwirtschaft arbeiten zu wollen. Die jungen Menschen kehren dem ländlichen Raum den Rücken und ziehen in die Stadt. Die soziale Nachhaltigkeit scheint mindestens ebenso bedroht wie die ökologische.

Eine andere Gemeinsamkeit zwischen den von uns bereisten Ländern ist der große wirtschaftliche Druck, unter dem der arme Milchbauer in Indien, der nur eine Kuh besitzt und sein Land manuell bewirtschaftet, ebenso steht wie der mitteleuropäische Bauer mit seinen hundert Kühen und einem riesigen Maschinenpark. Beide erhoffen sich eine Steigerung ihrer Produktion, um auch in Zukunft überleben zu können, und setzen ihre Hoffnung immerzu auf das nächste Jahr, darauf, dass die kommende Ernte besser werden wird und die Preise steigen und nicht fallen werden, wie sie es in der Vergangenheit zu oft getan haben.

>»A few dollars more – das ist es, worum es geht.«

Die heutigen Bauern, wo auch immer sie leben, lassen sich von kurzfristigen wirtschaftlichen Erwägungen leiten: »A few dollars

Übersichtskarte der besuchten Länder, Betriebe und Menschen

Schweden

Vikbolandet: Per-Gunnar & Thomas Gunnarsson, Bio-Landwirte, Sänkdalens gård
Säffle: Arne Johansson, Milchbauer, Hallerud
Burlöv: Eva und Göran Göransson, ehemalige Landwirte

Niederlande

Roermond: Ad & Ferry Gubbels, Paprikaerzeuger bei Pudu Peppers

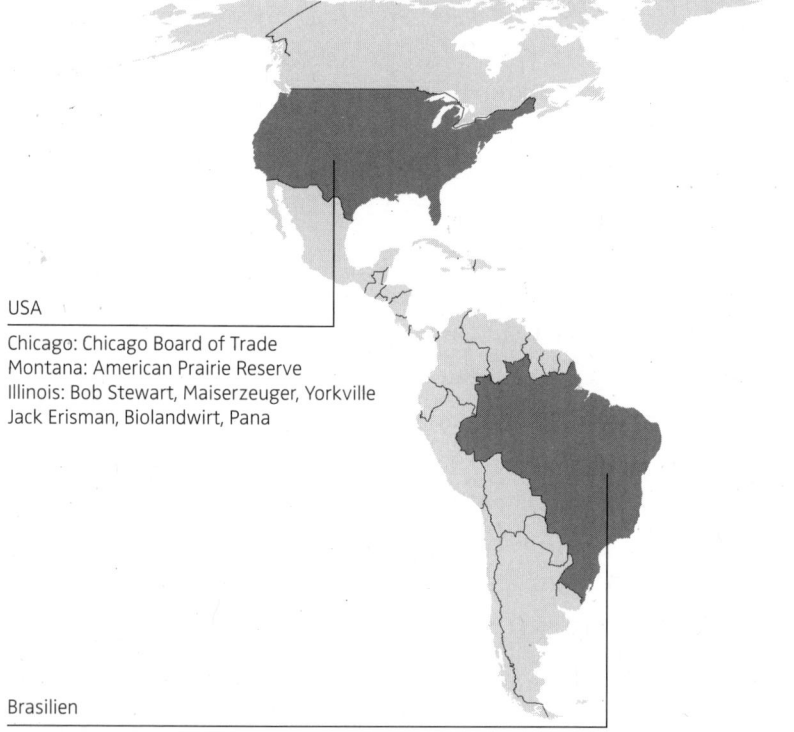

USA

Chicago: Chicago Board of Trade
Montana: American Prairie Reserve
Illinois: Bob Stewart, Maiserzeuger, Yorkville
Jack Erisman, Biolandwirt, Pana

Brasilien

Mato Grosso
Maria & Luis Vieria, Agroforstwirtschaft betreibende Landwirte, Nova Esperança
Daniel Wolf, landwirtschaftlicher Mischbetrieb, Nova Canaã do Norte
Sao Marcelo, Rainforest-Alliance-zertifizierter fleischproduzierender Betrieb, Juruena

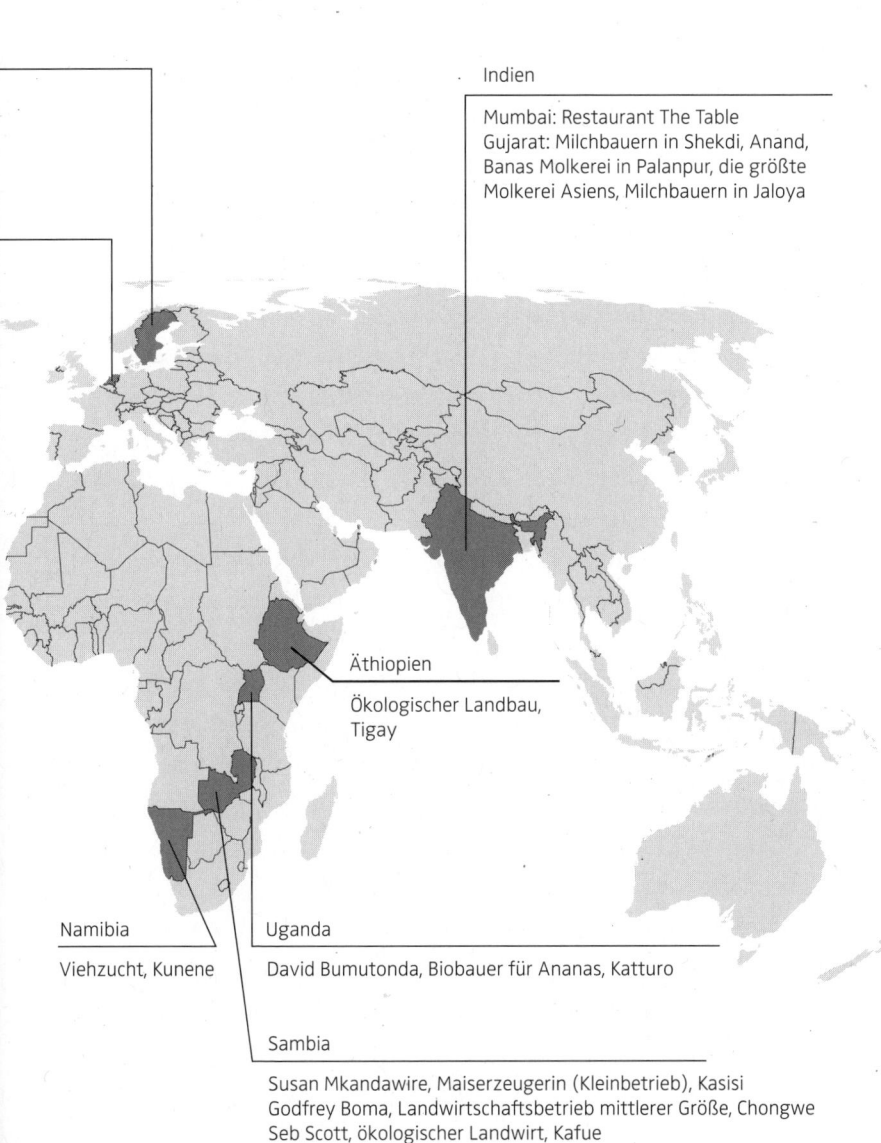

Indien

Mumbai: Restaurant The Table
Gujarat: Milchbauern in Shekdi, Anand,
Banas Molkerei in Palanpur, die größte
Molkerei Asiens, Milchbauern in Jaloya

Äthiopien

Ökologischer Landbau,
Tigay

Namibia

Viehzucht, Kunene

Uganda

David Bumutonda, Biobauer für Ananas, Katturo

Sambia

Susan Mkandawire, Maiserzeugerin (Kleinbetrieb), Kasisi
Godfrey Boma, Landwirtschaftsbetrieb mittlerer Größe, Chongwe
Seb Scott, ökologischer Landwirt, Kafue

more« – das ist es, worum es geht. Wenn man noch etwas mehr verdienen kann, indem man genmodifizierte Pflanzen einsetzt oder chemische Düngemittel, indem man noch ein paar Pestizide mehr spritzt oder die Kühe mit etwas mehr Kraftfutter mästet, dann tut man es. Dass anschließend jeder Cent, jeder Real oder jede Rupie zu einer Entwicklung führt, die die Erwartungen enttäuscht hat, steht auf einem anderen Blatt.

Der Markt, der die Entscheidungen der Landwirte und zum Großteil auch diejenigen von uns Verbrauchern steuert, ist entwickelt worden, um Waren zu verteilen, nicht um Arten, Landschaften oder das Klima zu bewahren. Für biologische Vielfalt, maßvolle Stickstoffdüngung oder Tierschutz hält der Markt keine Belohnung bereit. Die Landwirtschaft ist der größte Eingriff des Menschen in die Natur, aber zugleich auch unser wichtigstes Mittel, um sie zu gestalten – und deshalb viel zu wichtig, um den Märkten überlassen zu werden.

Die Auswirkungen unserer Anbau- und Zuchtmethoden sind nicht nur in der Natur sichtbar, sie erstrecken sich auf die ganze Gesellschaft bis hinein in unseren eigenen Körper. Die moderne, billige Nahrung basiert auf großen Mengen schnell verfügbarer Kohlenhydrate. Der Einsatz von Kunstdüngern, der Rückgang der Biodiversität oder der aussterbende ländliche Raum sind unterschiedliche Facetten ein und desselben Systems.

Doch es gibt Lösungen, es gibt bessere, nachhaltige und naturverträgliche Wege, um unsere Nahrung zu produzieren und gleichzeitig eine wachsende Bevölkerung zu ernähren. Als Verbraucher bewusst seine Entscheidung zu treffen, ist gut und nötig, aber die Macht des Verbrauchers ist zu gering, wenn wir eine tatsächliche Veränderung erreichen wollen. Dafür ist auch eine Politik vonnöten, die dafür sorgt, dass die Landwirtschaft von anderen Werten als kurzfristigen wirtschaftlichen Interessen gelenkt wird, und es bedarf engagierter Mitbürger, die sich an diesem politischen Gestaltungsprozess beteiligen.

Wir hoffen, dass dieses Buch Ihnen nicht nur Wissen vermittelt, sondern Sie auch neugierig macht, neue Wege zu entdecken, auszuprobieren und zu unterstützen. Eine Veränderung ist nicht nur möglich, sie ist auch notwendig, denn die industrialisierte Landwirtschaft ist gescheitert.

Egal woher Sie Ihre Motivation nehmen, ob Sie ein Naturliebhaber sind, eine saubere Umwelt oder hochwertige Nahrungsmittel schätzen oder ob Ihnen ein lebendiger ländlicher Raum am Herzen liegt: In allen Fällen geht es um die Erde, die uns nährt.

Kapitel II

Eine Reise durch Roundup-Ready-Land

Bis auf den Rhabarber und die Eier stammen die Lebensmittel in Sandra Calks Kühlschrank nicht aus der Gegend oder überhaupt aus Montana, wo sie lebt. Die Milch kommt aus Texas und die aromatisierte Vanillemilch aus Idaho. Das Fleisch stammt möglicherweise von den auf den ausgedehnten Weideländern grasenden Rindern, aber die Endmast und Schlachtung geschieht in Staaten wie Colorado, Nebraska oder Texas. Und der Mais für ihre letzten Futtergaben wurde mit ziemlicher Wahrscheinlichkeit wiederum in anderen Bundesstaaten, beispielsweise Illinois, angebaut. Große Teile der amerikanischen Nahrungsmittelproduktion funktionieren wie jede andere Komponentenindustrie. Jeder Staat und jeder Landwirt hat sich auf ein Glied in der Kette spezialisiert, bis schließlich alles zu einem Beefsteak zusammengesetzt wird.

Umschlagplatz für Betrüger
oder
Lebensversicherung der Bauern?

Wir wissen nicht, ob Ceres, die römische Göttin der Landwirtschaft, lacht oder weint, während sie auf den Kommerz hinunterschaut, der im Chicago Board of Trade Building vor sich geht. Der Bildhauer John Storrs hat ihr nämlich kein Gesicht gegeben, da er davon überzeugt war, dass das 1930 errichtete Gebäude für alle Zeit das höchste in der Umgebung sein würde – niemand würde daher jemals in der Lage sein, in ihr Antlitz zu schauen.

35 Jahre lang war das Gebäude auf dem West Jackson Boulevard der höchste Wolkenkratzer Chicagos, heute ist es auf Rang 41 zurückgefallen. Wie die Skyline von Chicago in die Höhe geschossen ist, so ging es auch mit dem Handel, der in diesem Gebäude zu Hause ist. Allein in den letzten zehn Jahren ist das Volumen an Termingeschäften – Verträge über zukünftige Käufe oder Verkäufe einer Ware zu einem festgesetzten Preis – für Agrarprodukte um das Fünffache gestiegen. Hier werden jeden Tag unfassbare 1,2 Millionen Verträge ausgehandelt und abgeschlossen. Etwa neun Prozent des weltweiten Handels mit Termingeschäftsveträgen für Mais und 50 bis 60 Prozent des Weizenhandels werden hier in diesem Gebäude in Chigaco abgewickelt.

Was machen wir hier eigentlich? Warum besuchen wir eine Rohstoffterminbörse, wenn wir ein Buch darüber schreiben wollen, wie man eine wachsende Weltbevölkerung mit ökologisch erzeugten Nahrungsmitteln ernähren kann? Die Frage sollte vielleicht vielmehr lauten, was die Nahrung hier macht. Warum wird mit Rohstoffen wie Mais, Weizen, Hafer, Soja, Schweinefleisch und Milchprodukten gehandelt und weshalb spekulieren Finanzakteure mit diesen Waren?

> »Das Spiel an den Börsen ist riskant, keiner will mit dem Schwarzen Peter auf der Hand zurückbleiben.«

Als die Börse 1848 gegründet wurde, wurden nur »physische« Veträge zwischen Landwirten, Mühlen, der Lebensmittelindustrie und den Futtermittelherstellern gekauft und verkauft. Bereits 1864 wurden Terminkontrakte für bedeutende Getreidesorten wie Weizen, Hafer und Mais lanciert, damit Verkäufer und Käufer sich preislich absichern und sicher sein konnten, in der Zukunft kein Geld zu verlieren. Die Landwirte hatten in Saatgut, Maschinen und Arbeitskraft investiert und wollten nicht riskieren, Geld zu verlieren, wenn beispielsweise der Weizenpreis zum Zeitpunkt des Ernteverkaufs gefallen war. Die Käufer hingegen wollten keine überteuerten Rohstoffe kaufen müssen oder womöglich gänzlich leer ausgehen. Und das ist heute weitestgehend immer noch so; man spielt dort ein riskantes Spiel, um nicht mit dem Schwarzen Peter auf der Hand zurückzubleiben.

Warum der Handel zugenommen hat? Weil es möglich ist. Die Entwicklung des elektronischen Handels stellt es den Marktteilnehmern frei, anonym teilzunehmen, ohne persönlich anwesend zu sein. Die starke Wirtschaftsentwicklung in China hat ebenfalls zu einer erhöhten Nachfrage an Rohstoffen geführt, was wiederum das Interesse für den Handel und die Spekulation angeheizt hat, so David Lehman, Leiter des Bereichs Geschäftsentwicklung des Chicago Board of Trade.

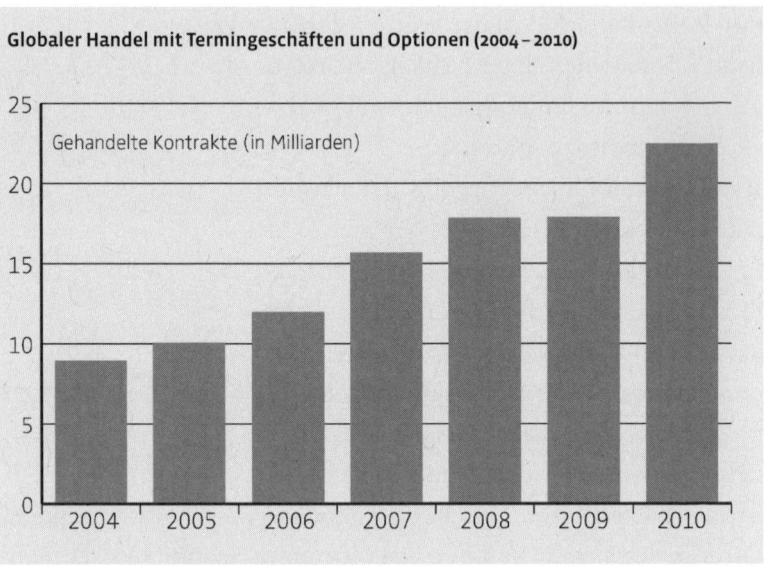

Globaler Handel mit Termingeschäften und Optionen (2004 – 2010)

Gehandelte Kontrakte (in Milliarden)

Nachdem die IT-Spekulationsblase um die Jahrtausendwende geplatzt war, suchte das Finanzkapital neue, renditestarke Märkte. Der Handel mit Termingeschäften für Öl, Metalle und Agrarprodukte stieg in zehn Jahren um mehr als das Fünffache. Quelle: Futures Industry Association

Die Chicagoer Börse ist im Vergleich zu allen anderen Rohstoffbörsen der Welt hypermodern, obwohl sie sich bis 2006 dagegen wehrte, computerisiert zu werden. Zwei Jahre später schossen die Lebensmittelpreise derart in die Höhe, dass dies in mehreren von Armut betroffenen Ländern zu Hungerrevolten führte. Schlechte Ernten und die erhöhte Nachfrage haben die Preise nach oben getrieben, was neue Akteure wie Finanzunternehmen, Banken, Fondsverwaltungsgesellschaften und vereinzelte Investoren auf den Plan brachte. Die Finanzkrise machte sich allmählich bemerkbar, das rastlose Kapital suchte nach neuen Domänen und nahm die steigenden Rohstoffpreise in der Landwirtschaft ins Visier, einen Bereich, um den man sich früher nicht geschert hatte. Die Finanzakteure fingen nun an, darauf zu spekulieren, dass die Preise noch weiter steigen würden, was wiederum zu einer *self fulfilling prophecy* wurde – die Preise schossen in die Höhe. Da Rohstoffe wie Mais, Soja und Weizen einen Großteil des Nahrungsmittelkonsums ausmachen, nicht zuletzt indirekt in Form von Tierfutter, hatte dies Auswirkungen auf die Nahrungsmittelpreise in der ganzen Welt, so auch in Europa.

Obwohl nur ein Bruchteil aller weltweiten Mais- und Weizenvorkommen als Terminkontrakte gehandelt werden, beeinflusst dieser Handel letzlich, wie viel der Landwirt für seine Erzeugnisse erhält und wie tief der Verbraucher für die Lebensmittel in die Tasche greifen muss. Denn der Börsenhandel, so Lehman, habe in erster Linie dazu geführt, den »angemessenen« Preis für eine bestimmte Ware zu einem bestimmten Zeitpunkt zu bestimmen. Wir erkennen, dass eine Diskussion über den »angemessenen« Preis uns vermutlich nicht weiterbringen würde, und gehen deshalb nicht näher darauf ein.

Die Spekulation mit landwirtschaftlichen Rohstoffen ist von vielen Seiten kritisiert und als wesentlicher Grund für die Verteuerung identifiziert worden, die vor allem Menschen in den armen Ländern trifft. Ein moderater Preisanstieg ist dagegen eine Voraussetzung für eine ökologischere, sozialere und wirtschaftlich nachhaltigere Landwirtschaft. Aber das hat nichts mit den raschen Preisfluktuationen an der Börse gemein, wo mit Nahrungsmitteln gehandelt und spekuliert wird, als wären es x-beliebige Handelswaren. Wenn der Preis Achterbahn fährt, gibt es allzu viele Verlierer. David Lehman möchte das Bild von den gierigen Spekulanten, die Hungerrevolten auslösen, etwas relativieren. Nur mit 30 Prozent des Maises werde spekuliert, sagt er.

»*Die explodierenden Preise für Lebensmittel führten in vielen Ländern zu Hungerrevolten.*«

»Finanzspekulanten verursachen langfristig gesehen nicht die hohen Preise, dagegen können sie kurzfristig zu Preisfluktuationen beitragen, weil sie häufig fallende oder steigende Preistrends verstärken, was daran liegt, dass unter den Händlern eine ausgeprägte Herdenmentalität existiert. Die Preise werden hingegen von Angebot und Nachfrage bestimmt, und die hohen Preise von 2008 waren ein starkes Signal an die Landwirte, mehr zu investieren.«

Die Börse dreht sich schnell. Der Handel mit Maiskontrakten hat ungefähr das zehnfache Volumen der weltweiten Maisproduktion. Ein signifikanter Beweis dafür, dass dies nur ein Spielkasino ist? Nein, dieser Ansicht ist David Lehman nicht: »Es kann einem seltsam vorkommen, aber eigentlich ist es ziemlich logisch. Das Agrarprodukt durchläuft in der gesamten Handelskette vom landwirtschaftlichen Betrieb bis zum Verbraucher mehrere Wirtschaftsstufen und wird deshalb mehrmals gekauft und verkauft, so wie in Wirklichkeit.«

Wir betreten das »Parkett«, einen großen Saal, der an ein Amphitheater erinnert und auf dem sich eine Mischung aus Bauernmarkt und Science-Fiction-Film abspielt. An den Wänden flackern die Getreidepreise in Neonfarben über den Köpfen stiller, konzentrierter Händler auf, die mit einem Knopfdruck

Geschäfte tätigen. Der Großteil des Terminhandels vollzieht sich elektronisch, aber für die komplexeren Verträge, wie Optionen, gilt immer noch »das Parkett«. Hier verlässt man sich nicht auf Computer, hier ist der Augenkontakt das Ausschlaggebende. Milchprodukte nehmen keinen besonders großen Raum ein, sie sind Neulinge an der Börse, ein höheres Tempo herrscht auf den Pits, auf denen Weizen, Mais oder Soja verkauft werden. Dort ist es alles andere als ruhig, dort wird gestikuliert und geschrien, während die Papiere wie Konfetti durch die Luft fliegen und auf ein mit immer mehr Papieren übersähtes Parkett hinuntersegeln. Die meisten Händler sind Männer, Frauen stellen die Ausnahme dar. Dafür gebe es auch einen wichtigen Grund, so ein Mitarbeiter der Presseabteilung, hier sei es von Nutzen, korpulent, groß und mit lauter Stimme gesegnet zu sein.

»Shit!«

Nein, um das auszusprechen, ist er viel zu wohlerzogen, aber man kann ihm den Gedanken ansehen. Tres Knipper ist seit 16 Jahren Händler und hat gerade Geld bei einem Maistermingeschäft verloren. Seine Multitaskingfähigkeit entspricht der einer siebenfachen Mutter. Während er höflich und lebhaft unsere Fragen beantwortet, lässt er seine fünf Computerbildschirme keinen Augenblick aus den Augen und wickelt währenddessen ein paar Geschäfte ab. In der Viertelstunde, die unser Interview dauert, kauft und verkauft er Nüsse, kauft und verkauft noch mehr Mais – diesmal mit Profit – und schließt vermutlich eine Anzahl weiterer Geschäfte ab, von denen wir nichts mitbekommen haben. In den knapp vier Stunden, an denen die Börse geöffnet hat, tätigt er etwa hundert Geschäfte. Wie viel er dabei verdient, will er nicht sagen.

Die altehrwürdige Getreidebörse in Chicago.

Im Unterschied zu vielen anderen Händlern liegen Tres Knippers Wurzeln in der Landwirtschaft, er ist auf einer Farm in Texas aufgewachsen.

»Aber das ist kein Vorteil, eher im Gegenteil. Der Markt macht, was er will; es ist besser, man weiß, wie er funktioniert, als dass man sich mit den Produkten auskennt, die man verkauft«, sagt er mit einem verlegenen Lächeln.

Knipper ist nach seinem Studium der Agrarwissenschaften in der Branche gelandet. Nun hat er mit Rindern, Schweinen, Soja, Mais und anderem Getreide in Form von Terminkontrakten zu tun.

Unsere Viertelstunde ist vorüber und Tres betritt das Parkett, um Optionen zu kaufen und zu verkaufen. Irgendwo in der bunten Schar Menschen befindet sich der Händler, der die Termingeschäfte für Bob Stewart abwickelt, den Getreidebauern aus Illinois, den wir am nächsten Tag besuchen werden. Aber der Biobauer Jack Erisman, den wir ebenfalls interviewen wollen, hat seine Hand hier nicht mit im Spiel.

»Nein«, sagt er mit einem Lachen, »das ist der Marktplatz der Diebe!«

Weshalb spekuliert man mit Nahrungsmitteln? Um das zu verstehen, wollen wir uns einem Praxistest stellen. Dafür loggen wir uns in einen Handelsplatz für Rohstoffe im Internet ein und können innerhalb weniger Minuten mit dem Handel beginnen. Wir kaufen hundert Maiskontrakte entsprechend 12.700 Tonnen Mais für 58.000 Dollar und verkaufen sie 18 Stunden später für 58.375 Dollar. Ohne irgendein Vorwissen und mit ein paar Minuten Arbeit haben wir einen Gewinn von 375 Dollar eingestrichen! Leicht berauscht von unserem Erfolg, kaufen wir weitere Mais-, Zucker- und Weizenkontrakte und drei Tage später ist unser Gewinn auf umgerechnet etwas über 2.000 Euro geklettert! Fünf Tage später dagegen ist aus unserem Gewinn ein Verlust von knapp 1.800 Euro geworden – wie gut, dass wir den Handel nur anhand einer Demoversion ausprobiert haben.

Kosten 12.700 Tonnen Mais denn nicht mehr als 45.000 Euro? Doch, der tatsächliche Wert beläuft sich auf etwa 2,2 Millionen, aber der Terminhandel zeichnet sich durch eine bestimmte Finesse aus. Wir zahlen nicht den vollen Wert des Vertrags, sondern nur eine Sicherheitsleistung, den sogenannten »margin«, den die Börse für jeden Kontrakt verlangt. Dadurch können wir mit um ein Vielfaches höheren Summen spekulieren, als wir im Portemonnaie haben.

Wenig später lernen wir, dass sich auch ganz hervorragend Maiskontrakte verkaufen lassen, obwohl wir nicht einen einzigen Maiskolben unser Eigen nennen. Irgendwie kommt einem das wie Gaunerei vor, aber hinter dem Ganzen steckt eine ausgeklügelte Logik. Der Käufer, der unseren vorgeblichen Maiskontrakt erwirbt, will das Geschäft nicht abschließen und ist auch nicht an Mais interessiert, sondern nur daran, wie sich der Preis mutmaßlich entwickelt. Plötzlich wird uns klar, was wir zuvor nicht begriffen haben: wie man Geld damit verdienen kann, dass etwas im Wert sinkt.

Dennoch stehen physische Güter dahinter, in unserem Beispiel also eine so große Menge Mais, dass damit ein Jahr lang 50.000 Menschen ernährt werden könnten. Was hier betrieben wird, ist nichts anderes, als mit dem Essen zu spielen, und in unserem tiefsten Inneren wissen wir eigentlich alle, wie falsch das ist.

Die verwaiste Kornkammer

Woher stammt der Mais, der im digitalen Blutkreislauf des Marktes umhersaust? Wir lassen Chicago hinter uns und begeben uns weiter hinein nach Illinois, in den Mittleren Westen, in eine der bedeutendsten Kornkammern der Welt. Die USA sind die größten Maisproduzenten weltweit und vereinen cirka 40 Prozent der weltweiten Produktion auf sich, hinter China und Indien sind sie der drittgrößte Weizenproduzent. Unterstützt wird der weltweite Weizenhandel durch niedrige Transportkosten. Mais von Illinois in den USA nach Rotterdam in den Niederlanden zu transportieren, verursacht nur Kosten von 13 Cent pro Kilogramm.

Illinois empfängt uns mit endloser Weite und einem leuchtend blauen Himmel, an dem sich nach dem Regen dramatische Wolkenformationen gebildet haben. Abgesehen von den Ortschaften säumen die schnurgerade Straße nur Felder, die sich bis zum Horizont erstrecken. In regelmäßigen Abständen schießen

Metallsilos in die Höhe. Wir sind un-
verkennbar am Ziel unserer Reise. Mit
Iowa, Minnesota und Nebraska sorgt
Illinois für 60 Prozent des in den USA
produzierten Maises.

Nach einer Weile wird die Fahrt
durch diese Landschaft eintönig. Fast
ausschließlich Mais und Soja wachsen
auf den Feldern. Nur selten werden sie

*»Wenn der Mais ins
Kraut schießt, ist
es so, als führe man
durch endlose Mais-
korridore.«*

von einem vereinzelten Weizen- oder Roggenfeld abgelöst; Tiere
sind kaum zu sehen. Als wir Anfang Juni durch die Landschaft
fahren, ist der Mais frisch gesät. Ein paar Monate später, wenn
er in die Höhe geschossen ist, würde es einem vorkommen, als
führe man durch endlose Maiskorridore. Uns wird klar, weshalb
Maisfelder eine beliebte Szenerie für Hitchcock-Krimis darstellen.

Illinois war schon immer ein Teil des sogenannten Maisgürtels
des Mittleren Westens, doch sah der früher anders aus als heute.
Damals wurden unterschiedliche Pflanzen nacheinander angebaut
und Mais wechselte sich mit anderen Feldfrüchten wie Hafer, Roggen, Weizen, Heu und sogar Grünland ab. In den 1950er Jahren
war Illinois ebenfalls noch ein großer Produzent von Winterwei-
zen und gehörte zu den drei Bundesstaaten, die am meisten Hafer produzierten. Heute dreht sich, wie gesagt, alles nur noch um
Mais und Soja. Diese beiden Pflanzen haben sich auf Kosten anderer ausgebreitet, nicht nur in Illinois, sondern in den restlichen
USA und in weiten Teilen der Welt.

Für den Siegeszug dieser beiden Pflanzen gibt es mehrere
Gründe. Im Unterschied zu Hafer und Weizen können Mais und
Soja Jahr für Jahr immer wieder auf derselben Fläche angebaut
werden und trotzdem üppige Ernten hervorbringen, darüber

hinaus werden diese Pflanzen zunehmend als Futtermittel in der Viehzucht nachgefragt. In Illinois allerdings gibt es bis auf ein paar Schweinemastbetriebe, keine Viehzucht mehr, die ist in andere Bundesstaaten und andere Länder verlagert worden.

»Nein, hier gibt es keine Nutztiere mehr, die Bauern sind in den trockeneren Süden gezogen. Wir selbst haben in den 1990er Jahren die Viehzucht aufgegeben«, erzählt Bob Stewart, Maiserzeuger aus Yorkville, einem Vorort von Chicago.

Er führt die Farm mit seinem Bruder David. Auf 2.000 Hektar bauen sie insgesamt 20.000 Tonnen Mais an. Eine beeindruckende Menge, mit der ein Jahr lang 75.000 Menschen ernährt werden können. Daneben betreiben sie drei Stunden weiter südlich eine ebenso große Farm, auf der sie Soja und Mais anbauen.

An der Chicagoer Börse entsprechen 20.000 Tonnen Mais nur 158 Terminkontrakten oder einem Zehntel Promille aller Verträge, die an einem Tag gehandelt werden. Mit anderen Worten: Peanuts.

Die Gebrüder Stewart sind mit der Börse wohlvertraut. Sie sichern die Preise ihrer Ernte durch sechsmonatige Termingeschäfte ab. Die Geschäfte werden über einen Makler abgewickelt.

»Ist das schwierig?«

»Oh yeah!«

Die Farm der Stewarts ist schön gelegen. Die Eintönigkeit der flachen Landschaft wird hier von einigen sich gefällig erhebenden Hügeln durchbrochen. Es fällt uns nicht schwer, höflich zu sein und zu sagen, dass dies eine schöne Gegend sei, ein Kompliment, das Bob mit Stolz entgegennimmt.

»Unsere Familie lebt seit 150 Jahren hier und wir haben schon immer auch Mais angebaut. Ich kann mir nicht vorstellen, dass wir die Kultur umstellen, das wäre im Hinblick auf unseren großen Maschinenpark eine zu große Investition«, sagt er.

In den Maschinenhallen stehen riesige Traktoren der Marke *Challenger*. Sie fahren auf Kettenraupen, um den Boden nicht zu stark zu verdichten, aber auch um vorwärtszukommen. Am Tag vor unserem Besuch hat es geregnet, und auch wenn es so aussieht, als seien die Äcker wieder getrocknet, haben wir von dem schmierigen Lehm schon bald Plateausohlen unter den Gummistiefeln.

Der Boden ist fruchtbar, aber hier, wie auch in weiten Teilen der USA, versucht man trotzdem, die Erosion zu verringern, also den fruchtbaren Humus nicht vom Regen wegschwemmen oder vom Wind abtragen zu lassen. Wie viele ihrer Kollegen pflügen die Stewarts nicht mehr den Boden, sondern betreiben stattdessen eine leichtere Bodenbearbeitung, die den Großteil der Maisernterückstände auf der Bodenoberfläche belässt. Sie benutzen auch immer wieder dieselbe Fahrspur, um die Bodenverdichtung gering zu halten.

»Es gibt mehrere Gründe dafür, mit dem Boden achtsam umzugehen, er soll noch für viele Generationen unserer Familie reichen«, so Bob.

Der Mittlere Westen hat ein Problem mit Bodenerosion. Jedes Jahr gehen den aktuellsten Berechnungen zufolge acht Tonnen Mutterboden pro Hektar verloren. Auf die ganze USA hochgerechnet, bedeutet dies, dass das Land jedes Jahr etwa zwei Milliarden Tonnen Boden verliert.

Erosion und Neubildung von Mutterboden sind natürliche Prozesse, die sich ständig vollziehen. Die Böden erodieren erst stärker, wenn der Mensch zu pflügen beginnt. Heute sind Schätzungen zufolge nahezu zwei Milliarden Hektar in einem unterschiedlichen Grad von Erosion betroffen, das entspricht fast der gesamten Agrarfläche der Erde. Das ist ein ernst zu nehmendes Problem, weil die Bodenneubildung sehr lange dauert; zwischen 60 und 1.500 Jahre sind nötig, abhängig von verschiedenen Voraussetzungen, um einen Zentimeter Boden entstehen zu lassen. Pflugbewirtschaftung, Abholzung der Wälder zur Erschließung neuer Agrarflächen und Überweidung gelten als Hauptursachen für Bodenerosion, obwohl der Weidebewirtschaftung heutzutage nicht mehr so negative Auswirkungen wie den anderen Faktoren nachgesagt werden.

Ein großer Sattelschlepper fährt auf den Hof und wird mit riesigen Pestizidfässern beladen. Es ist an der Zeit zu spritzen. Die meisten Fässer enthalten Roundup, die bekannteste Marke für das weltweit am häufigsten eingesetzte Pestizid Glyphosat, das deshalb so erfolgreich ist, weil es alles vernichtet, was wächst. Durch gentechnisch verändertes Mais- und Sojasaatgut sind die Pflanzen resistent gegenüber Roundup geworden. Sie sind sozusagen »Roundup ready«, wie der Chemiekonzern Monsanto für sein Saatgut wirbt. So kann das Unkrautvernichtungsmittel direkt in die wachsenden Mais- oder Sojapflanzen gespritzt werden und das Unkraut vernichten, ohne dass die Pflanzen eingehen.

Die Stewarts machen keinen Hehl daraus, dass sie Pestizide verwenden, das ist ebenso selbstverständlich wie die Aussaat von genmodifiziertem Saatgut, GVO. Und so denkt die Mehrheit der Mais- und Getreidebauern in den USA. Stewarts Mais besitzt drei Eigenschaften, die durch Gentechnik gewonnen wurden: Er ist nicht nur »Roundup ready«, sondern auch gegen den Befall zweier lästiger Insektenschädlinge immun. Rein theoretisch sollen die Kulturen durch diese drei Eigenschaften seltener gespritzt werden müssen, aber der Nachteil der Resistenz des Maises gegenüber Roundup liegt darin, dass nach einer gewissen Zeit des Herbizideinsatzes auch das Unkraut resistent wird. In manchen Teilen der USA hat man daher große Probleme mit Unkraut, gegen das Roundup nichts ausrichten kann; was man dann braucht, sind neue und stärkere Herbizide.

»Ich bin mir des Problems durchaus bewusst, auch wenn wir nicht davon betroffen sind. Wir versuchen einer Resistenz vorzubeugen, indem wir Roundup mit anderen Herbiziden mischen«, erklärt Bob.

Aus diesem Grund hat der Sattelschlepper auch Fässer mit Atrazin geladen, einem in Europa verbotenen Herbizid. Über die Chemikalien macht Bob sich keine Gedanken, er hält es für selbstverständlich, dass nicht mehr als nötig verwendet werden. Für ihn stehen wirtschaftliche Erwägungen im Vordergrund. Kann er mehr verdienen, indem er Pestizide oder GVO-Saat einsetzt, dann tut er es.

»Der Einsatz von Fungiziden beschert uns einerseits eine Tonne mehr Ertrag pro Hektar, während er uns andererseits 32 bis 40 Euro pro Hektar kostet. Wenn die Maispreise niedrig sind, lohnt es sich also nicht zu spritzen.«

Das ist simple Mathematik.

Heute ernten sie etwa zehn Tonnen Mais pro Hektar und die beiden Brüder wollen den Ernteertrag noch weiter steigern. Sie halten es für möglich, bis zu fünfzehn Tonnen zu ernten. Gleichzeitig wäre es zurzeit unrentabel, den Ernteertrag so stark zu erhöhen. Auch hier geht es wieder um wirtschaftliche Erwägungen.

Die Brüder bewirtschaften einen zweiten Betrieb von 2.000 Hektar, der drei Stunden südlich in Farmers City liegt. In Yorkville ist der Boden inzwischen zu teuer. Da sich die Vororte Chicagos immer weiter ausdehnen, steigen die Bodenpreise und liegen momentan bei 16.000 bis 20.000 Euro pro Hektar. Darin sieht Bob Stewart auch die größte Herausforderung für die Zukunft: mehr Boden erwerben zu können. Heute macht ihre Farm einen Umsatz von etwa acht Millionen Euro und erwirtschaftet einen Gewinn von etwa zehn Prozent, aber wenn die Kinder den Betrieb einmal übernehmen sollen, muss er weiter wachsen.

»Resistenzen versuchen wir vorzubeugen, indem wir Roundup mit anderen Herbiziden mischen.«

»David und ich haben beide Kinder und einige von ihnen möchten die Farm weiterführen. Aber in dieser Gegend mehr Land zu erwerben, wird, glaube ich, schwierig, weil sich die Bebauung immer stärker ausdehnt.«

Wieder steht ein Sattelschlepper auf dem Hof. Diesmal hat er Mais für den Großhändler geladen. Wer sein Endkunde ist oder wofür der Mais verwendet wird, weiß Bob Stewart nicht. Sein Mais kann zu Futtermitteln, Nahrungsmitteln oder Ethanol weiterverarbeitet werden. So wie die Termingeschäfte für Mais an der Chicagoer Börse gewissen Normen entsprechen müssen und keine Sortenvariationen oder verschiedene Qualitäten zum Handel zulassen, gilt Ähnliches auf dem Maisfeld der Stewarts. Hier wird nur eine Sorte Mais angebaut. Ein Teil davon geht an die Ethanolindustrie. Illinois ist einer der Bundesstaaten der USA, in dem die Entscheidung, die Ethanolproduktion staatlich zu subventionieren, besonders deutlich spürbar ist. Hier stehen an die zwanzig neu errichtete Ethanolraffinerien. Die Kritik, dass hier Mais als Biosprit verheizt und einer hungernden Bevölkerung vorenthalten wird, ist Bob Stewart bekannt. Aber er will sich der Argumentation nicht anschließen.

»Dem Ethanolmarkt werden nicht mehr so starke Subventionen wie früher gewährt und das angebliche Tauziehen zwischen Nahrung oder Treibstoff gibt es so nicht. Die Kritiker machen sich nicht klar, dass bei der Ethanolproduktion Restprodukte anfallen, die sich ausgezeichnet als Futtermittel eignen, im Grunde wird der Nahrungsmittelproduktion also überhaupt kein Mais entzogen.«

Bevor wir uns wieder von Bob verabschieden, fragen wir ihn, ob er nie erwogen hätte, seine Produktion auf Biolandwirtschaft umzustellen.

»Nein. Es gibt zwar einen Nischenmarkt für Erzeugnisse aus biologischem Anbau und Verbraucher und Unternehmen, die bereit sind, dafür besser zu bezahlen. Aber es werden nicht die Biobauern sein, die die Welt mit Nahrung versorgen«, erklärt er.

Die USA sind einer der weltweit größten Nahrungsmittelproduzenten, aber die industrielle Landwirtschaft steht auch heftig in der Kritik, nicht zuletzt vonseiten der Umweltbewegung.

»Landwirtschaftliche Betriebe gigantischen Ausmaßes investieren Millionen Dollar, um weiterhin unsere Flüsse, Bäche und Seen verschmutzen zu können« – für Lauren Monahan von der Umweltorganisation *Environment Illinois* erklärt sich damit der Kampf der Unternehmen gegen eine härtere Umweltgesetzgebung.

In den USA sind knapp 1.400 Pestizide registriert, und ihr Einsatz schlägt sich auch in der Wasserqualität nieder. 80 Prozent aller Flüsse und 60 Prozent aller Grundwasserbrunnen in den Agrargebieten der USA weisen Rückstände von Pestiziden auf. Dem Expertengremium *President's Cancer Panel* zufolge können

Pestizide mit einer Reihe verschiedener Krebsarten in Verbindung gebracht werden.

Der Kunstdüngereinsatz im Pflanzenbau, der ausgebrachte Dung großer Tierfabriken und der Einsatz von Hormonen und Antibiotika in der Viehzucht bedrohen ebenfalls die Gewässer. Überdüngung ist nicht zuletzt der Grund für die starke Ausbreitung der Todeszonen in den Küstengewässern der USA, unter anderem am Golf von Mexiko. Die Flüsse Mississippi, Columbia und Susquehanna führen jährlich eine Million Tonnen Stickstoff mit sich, was nahezu einem Zehntel der gesamten Stickstoffdüngermenge in den USA entspricht. Ironischerweise wird die Hälfte allen Kunstdüngers, dessen Hauptnährelement Stickstoff ist, eingesetzt, um die durch Erosion verursachten Nährstoffverluste auszugleichen.

Die landwirtschaftlichen Nutzflächen sind weltweit immer stärker durch Stickstoff und Phosphor belastet. Anfangs konnte der Boden noch damit fertig werden, doch mittlerweile herrscht überall Übersättigung. Nahezu sämtlicher Stickstoff rinnt durch den Boden, entweicht in die Luft oder wird von der Pflanze aufgenommen. Zwischen 1890 und 1990 ist die Menge aktiven Stickstoffs im biologischen System um das Neunfache gestiegen. Der größte Anstieg hat sich in den letzten fünfzig Jahren zugetragen und ist vor allem der vermehrten Verwendung von Kunstdüngern geschuldet.

Man geht davon aus, dass die Stickstoffemissionen im Zuge des Einsatzes von Kunstdünger weiterhin steigen werden, obwohl für die Umwelt schon längst die Grenze des Verträglichen überschritten wurde. Das stellt unter anderem Johan Rockström am *Stockholm Environment Institute* in seiner bahnbrechenden Studie »Planetary boundaries« fest.

Der entweichende Stickstoff ist also nicht nur ein Umwelt-
problem, sondern auch ein wirtschaftliches und landwirtschafts-
technologisches. Die Phosphorausträge tragen ebenfalls zur
Überdüngung bei und im Unterschied zu Stickstoff, der in riesigen Mengen in der Atmosphäre vorhanden ist, wird Phosphor in
Bergwerken abgebaut und die Vorkommen sind endlich.

Ein Landwirt schwimmt gegen den Strom

Von Yorkville bis Pana im Süden Illinois sind es etwa 300 sehr
einsame Kilometer. Obwohl alle Ländereien bewirtschaftet sind,
scheint eine produktive Landwirtschaft nicht automatisch mit
einem lebendigen ländlichen Raum einherzugehen. Über weite
Strecken herrscht so gut wie kein Verkehr und wir sehen kaum
Menschen. Dafür tauchen in regelmäßigen Abständen verlassene
Häuser auf, die sich in verschiedenen Stadien des Verfalls befinden, und Schilder, die uns auffordern: »adopt a highway!«, um
Spenden für den Unterhalt des maroden Straßennetzes zu sammeln.

Neugierig darauf, was sich hinter dem stolzen Namen ver-
steckt, machen wir einen Zwischenstopp in der Stadt Farmers
City und sind schnell ernüchtert. Die Hauptstraße wirkt wie eine

tote Kulisse aus einem Western; geschlossene Geschäfte und Büros reihen sich aneinander.

»Es ist wie in einem Pacman-Spiel. Der eine Bauer frisst den anderen auf. Das hat die amerikanische Landwirtschaftspolitik bewirkt, so bringt man die Bauern zum Aufgeben«, sagt Jack Erisman, Landwirt aus Pana. Doch Jack und seine Frau Jeannie bewirtschaften immer noch ihre Farm. Seit gut zwanzig Jahren bestellt er sein Land ökologisch und als einer der Pioniere auf dem Gebiet bekommt er häufig das Argument zu hören, dass er als Biobauer niemals die Weltbevölkerung ernähren könne.

»Aber das ist auch nicht meine Aufgabe. Meine Aufgabe ist es, die Ressourcen, die mir vor Ort zur Verfügung stehen, zu nutzen und das Beste aus ihnen zu machen. Was die Nahrung betrifft, so leiden wir nicht an einem Mangel an Quantität, sondern an Qualität. Jedes Land sollte sich lieber darum kümmern, seine eigene Bevölkerung satt zu bekommen«, sagt er.

Wieder befinden wir uns in einer schönen Gegend und kommen in ein gemütliches und einladendes Haus, das einen Kontrast zu all den Häusern darstellt, die wir zuvor am Straßenrand gesehen haben. Häuser, die einen so einfachen und provisorischen Eindruck machen, als würde das Siedlerblut noch immer in den Adern der heutigen Generation fließen.

Jack Erismans Eltern kauften den Hof 1943 und tauften ihn auf den Namen Goldmine Farm, was ironisch gemeint war. Der frühere Besitzer hatte die Felder nämlich verkommen lassen und der Mutterboden war in großem Umfang durch Erosion abgetragen.

Heute ist der Boden dank Jacks Einsatz wieder fruchtbar. Er begann bereits in den 1960er Jahren mit einer schonenderen Bodenbearbeitung und inzwischen steht der Pflug zum Verkauf.

Stattdessen baut er eine Vielfalt an Pflanzen an, unter anderem eine Rettichpflanze, deren Wurzeln das Erdreich auflockern. Ein weiterer Aspekt ist der Anbau mehrjähriger Pflanzen wie Weizengras, um den Humus nicht in den Boden einarbeiten zu müssen und auf diesem Weg die Erosion zu verringern.

Als Jack die Farm 1964 übernahm, setzte er nach und nach weniger Pestizide und Kunstdünger ein. Den entscheidenden Ausschlag dafür gab, dass mehrere seiner Nachbarn an einer Form von Krebs starben, die auf den Einsatz von Pestiziden zurückzuführen war. Nachdem Jack auf einem Feld den Ökolandbau erprobt hatte, stellte er 1990 den gesamten Betrieb von tausend Hektar auf Biolandwirtschaft um und verzichtete von nun an auf Pestizide und Kunstdünger. Das war das erste Mal, dass ein so großer Betrieb in Illinois zur Biolandwirtschaft wechselte.

»Ich würde niemandem empfehlen, den ganzen Betrieb auf einmal umzustellen, obwohl ich dadurch eine Menge gelernt habe.«

Jack erzählt, dass er anfänglich viel Spott und Häme von den Nachbarn kassieren musste. Sie überzeugten sogar seine Familie davon, dass das nichts als purer Irrsinn sei.

»Aber es gibt uns immer noch«, sagt er und lächelt breit. Inzwischen haben ihn die Nachbarn akzeptiert und die Jahre, in denen er Gegenwind verspürt hat, scheinen keine Spuren von Bitterkeit bei ihm hinterlassen zu haben. Jack Erisman ist ein freundlicher Mann, der gerne lacht und Scherze macht und sich selbst auf die Schippe nimmt. Inzwischen gibt es in der Gegend noch ein paar weitere Biobetriebe, Jacks Beispiel hat also Schule gemacht.

Als wir seine Felder betreten, wird uns klar, dass Mais nicht gleich Mais ist. Hier wächst blauer, roter, gelber, weißer und – voilà! – Pop-corn, ein besonderer Popcorn-Mais. Anders als Bob

Stewart, der jedes Jahr wieder denselben Mais anbaut, setzt Jack auf eine siebenjährige Fruchtfolge, baut also verschiedene Pflanzen wie Soja, Roggen, Weizen und Mais im Wechsel an, und es dauert sieben Jahre, bis dieselbe Pflanze wieder auf dem Feld angebaut wird. In die Fruchtfolge sind auch Pflanzen wie Klee, Wicken und Hülsenfrüchte einbezogen, die den Stickstoff aus der Luft binden und dadurch auf natürliche Art den Boden düngen. Wird hingegen Jahr für Jahr dieselbe Kultur angebaut, führt das zur Verarmung des Bodens, zu mehr Unkraut und einem gesteigerten Risiko für Krankheiten und Schädlingsbefall.

Jack Erisman hat keine Probleme mit Nährstoffmangel oder Schädlingen. Seine größte Herausforderung besteht darin, das Unkraut in Schach zu halten, indem er zur rechten Zeit das Rechte tut. »Biobauer zu sein, ist so, als wäre man Komiker, alles dreht sich ums perfekte Timing.«

Als wir auf seinem Feld mit Blaumais stehen, fällt uns auf, dass sein Mais viel kleiner ist als der seines Nachbarn.

Ob das an der Sorte liege? Nein, erklärt Jack, er müsse die Saat ein paar Wochen später als die anderen ausbringen, damit sich der GVO-Mais seiner Nachbarn nicht mit seinem kreuzt, sonst würden auch in seinen Mais modifizierte Gene gelangen. Eine zwei bis drei Wochen später ausgesäte Saat hat einen geringeren Ernteertrag zur Folge, aber darüber grämt Jack sich nicht. So ist es nun mal, wenn man Ökobauer in Roundup-Ready-Land ist.

Vor allem die Vielfalt an Kulturen hat dafür gesorgt, dass er keinen Gedanken an einen Handel mit Termingeschäften an der Chicagoer Börse verschwendet. Die Diversität seiner Produktion eignet sich einfach nicht für die stark standardisierten Termingeschäfte. Und Jack vermutlich auch nicht.

Dafür liegt sein Markt vor der Haustür. Er hat sich zum Ziel gesetzt, dass seine Pflanzen eine so hohe Qualität aufweisen, dass sie als Lebensmittel Verwendung finden, und dadurch will er einen höheren Preis erzielen. Einen Teil seiner Kultur baut er vertragsgemäß für seine Abnehmer an.

Die etwa 200 Rinder der Rasse Murray Gray, die genetisch mit dem Angusrind und einigen anderen Rassen verwandt sind, verkauft er nicht an Händler in Chicago oder St. Louis, sondern an Privatleute, die sie selbst bis zur Schlachtung aufziehen wollen. Die Tiere weiden das ganze Jahr über draußen und fressen nahezu ausschließlich Grünfutter. Das ist in den USA sehr ungewöhnlich, aber Jack hat Kunden gefunden, die mit Grünfutter ernährte Rinder nicht nur für schmackhafter, sondern auch für gesünder halten.

Nach gut 20 Jahren als Biobauer kann er feststellen, dass sein Betrieb wirtschaftlich arbeitet. Neben ihm sind auf der Farm noch zwei Angestellte und während der Ernte weitere Saisonarbeiter beschäftigt. In seiner ganzen Zeit als ökologischer Landwirt hat er keinen Kredit aufgenommen und schon seit 1966 hat er keine staatlichen Agrarsubventionen mehr in Anspruch genommen.

»Mir gefallen weder die Politik noch die Regelungen der Agrarbeihilfen. Biologische Landwirtschaft ist auch nicht darauf angewiesen, sie kann hervorragend auf eigenen Beinen stehen.«

Jack Erisman und Bob Stewart haben sich für zwei unterschiedliche Strategien entschieden. So wie die Terminkontrakte für Mais, die an der Chicagoer Börse verkauft werden, streng standardisiert sind, um die Rohstoffe an jeden x-beliebigen Kunden, unabhängig von der Verwendung, zu verkaufen, baut Bob Stewart seinen Mais nach demselben standardisierten Modell an und verkauft ihn nach demselben Modell. Deshalb experimentiert er auch nicht mit verschiedenen Sorten oder Qualitäten, die sich für verschiedene Endprodukte eignen würden, sondern setzt allein auf die Menge.

Bob Stewart hat sich dafür entschieden, für einen breiten Markt zu produzieren, was ironischerweise jedoch dazu geführt hat, dass sein Abstand zum Markt immer größer wird. Er ist sich durchaus bewusst, dass seine Massenproduktion keinen besonders hohen Preis erzielt, und würde das gerne ändern.

Jack Erisman wiederum wollte gänzlich von der vorherrschenden Entwicklung in der amerikanischen Landwirtschaft abweichen. Er betreibt sowohl Ackerbau als auch Viehzucht und hat sich nicht auf eine bestimmte Nutzpflanze spezialisiert. Stattdessen baut Jack diverse Sorten in geringeren Mengen, von hoher Qualität und nicht zuletzt ökologisch an. Sein Kontakt zum Markt gestaltet sich weitaus enger als Bob Stewarts und er wird besser bezahlt. Das Anbaumodell und der Verkauf sind eng miteinander verzahnt, und während Jack Nahrungsmittel für Menschen erzeugt, produziert Bob Rohstoffe für eine Industrie, die aus seinem Mais entweder Tierfutter, Ethanol oder – manchmal – auch Lebensmittel herstellt.

Der fruchtbare Prärieboden in Illinois lockte im 19. Jahrhundert einst Auswanderer aus Schweden und Deutschland hierher. Aber wie sah die Prärie aus, bevor sie bewirtschaftet wurde? Und weshalb möchte eine Handvoll Menschen ein Stück dieser ausgedehnten Steppe wiederherstellen, obwohl man auf diesem Boden auch Nahrungsmittel erzeugen kann?

Um Antworten auf diese Fragen zu erhalten, fahren wir weiter nach Montana.

Zurück zur Wildnis
oder der Versuch einer anderen
Kulturlandschaft

Plötzlich sehen wir sie – zwei stattliche Büffel! Sie wirbeln große Staubwolken auf, als sie sich auf dem Boden wälzen, sich aufrichten und uns wachsam, aber ohne größere Beunruhigung betrachten. Als wir ihrem Revier zu nahekommen, ziehen sie sich langsam zurück. Etwas weiter entfernt taucht die gesamte Herde auf. Zwei Bisonochsen aus nächster Nähe zu sehen, war schon eindrucksvoll, aber zuzusehen, wie die gesamte Herde über die grasbewachsenen Hügel davonstiebt, ist ein einmaliger Anblick. Als würden wir vom Flügelschlag der Geschichte gestreift – zweifelsohne ein Klischee, aber so kommt es uns trotzdem vor, als wir die Tiere weiden sehen, ist der Bison in den USA doch im Prinzip seit 100 Jahren ausgerottet. Jetzt ist er wieder da, zumindest hier, in Montana.

Gleichzeitig kommt uns das Wort »Wasteland« in den Sinn, verschwendetes Land, als wir diesen sagenhaften Anblick in uns aufsaugen. Dieses Wort benutzte auch Bob Stewart, als er uns erzählte, dass der Staat kürzlich Ackerboden in Illinois aufgekauft habe, um dort wieder ein Feuchtgebiet entstehen zu lassen.

»So eine Verschwendung von gutem landwirtschaftlichen Boden.«

Was würde er sagen, wenn er jetzt neben uns stehen und über dieses offene Grasland schauen würde, auf dem eine private Stiftung in Zusammenarbeit mit dem WWF wieder ein Stück der alten Prärie lebendig werden lassen will, so wie sie aussah, bevor der weiße Mann das Land betreten hat? Würde er es auch für »Wasteland« halten? Oder würde er wie wir von der landschaftlichen Schönheit hingerissen sein? Würde er über den Blumen- und Kräuterreichtum staunen und darüber, dass es so viele verschiedene Sorten Gräser in so vielen Farben gibt? Würde er sich über das Schmatzen der Präriehunde amüsieren, die blitzschnell in ihren Gängen verschwinden, nur um sofort wieder aufzutauchen? Und würde ihm wie uns der Atem stocken, als die Büffelherde erscheint und vor unseren Augen die Indianerfilme unserer Kindheit lebendig werden?

Wir sind mit dem Zug von Illinois quer durch die USA nach Montana gefahren. Montana ist wirklich das Land der weiten Ebenen, der Archetypus des Wilden Westens. Vor dieser Kulisse sind unzählige Filme wie *Brokeback Mountain* gedreht worden. Und hier soll der Himmel so weit wie nirgends sonst sein – Big Sky Country! Trotzdem müssen wir an Bob Stewarts Worte denken. In einer Zeit, in der darüber debattiert wird, wie die Nahrung in Zukunft für alle Menschen reichen soll, muss das neue Präriereservat vielen ein Dorn im Auge sein.

»Natürlich sorgt es für Konfliktstoff, Land zu kaufen, das für die Nahrungsmittelproduktion verwendet werden könnte. Aber die Prärie besteht aus 25 Millionen Hektar Land und wir wollen nur einen kleinen Fleck innerhalb einer riesigen landwirtschaftlichen Nutzfläche unter Schutz stellen. In der Gegend, in

»Natürlich sorgt es für Konflikte, wenn der Staat Land aus der Nahrungsmittelproduktion nimmt.«

Die Prärie als Weideland. Schon amerikanische Ureinwohner betrieben lange Zeit eine fortschrittliche Form von Wildschutz oder vielmehr »Wildzüchtung«. Die Ebene wurde regelmäßig abgeflammt, die Weidetiere hielten sie offen – eine nachhaltige Form der Tierhaltung.

der wir versuchen wollen, wieder 10.000 Bisons anzusiedeln, gibt es Herden von 500.000 Rindern«, erklärt Sean Gerrity, Leiter des *American Prairie Reserve.*

Die Prärie war der am weitesten verbreitete Naturtyp in den USA, vielleicht ist deshalb zuvor noch niemand auf die Idee gekommen, ein Prairie-Naturreservat zu gründen.

Um ein Stück dieser riesigen Steppe wiederherzustellen, braucht es den Bison als »Gestalter« der Landschaft.

»Viele Leute fordern seit Jahren die Einrichtung eines Schutzgebiets am Rande der amerikanischen Prärie. Wir haben Naturreservate für Gletscher, Berge, Wälder, Seen usw., schützen aber nicht unsere ursprünglichste Natur – die Prärie. Deshalb war es wichtig, jetzt zu handeln, bevor alles bewirtschaftet ist und es kein Zurück mehr gibt«, sagt Sean Gerrity.

»Don't buffalo me!« steht auf großen Schildern, als wir mit dem Auto ins Reservat fahren. Einige Landwirte, die Viehzucht betreiben, begrüßen offenbar weder das Präriereservat noch die Tatsache, dass der Bison wieder angesiedelt wurde. Wie können 230 Bisons in einem Gebiet mit einer halben Million Rindern solche Entrüstung wecken?

»Das Hauptproblem ist die Angst der Bauern. Manche Landwirte setzen uns mit den staatlichen Programmen gleich, die Landwirte dafür bezahlen, landwirtschaftliche Flächen stillzulegen. Natürlich wissen die Leute, dass unsere Arbeit aus privaten Spenden finanziert wird und wir keine öffentlichen Gelder bekommen, trotzdem unterstellt man uns, dass wir das Land schließlich doch der Regierung überlassen werden«, sagt Bryce Christensen, Projektleiter des Reservats.

Wir führen das Interview mit ihm im Büro des Reservats auf der Wiederick Farm, der ersten Farm, die das Reservat erwarb. Zuvor hatte sie vier Jahre lang zum Verkauf gestanden. Das hier ist mitten im Nirgendwo, Handyempfang haben wir hier schon längst nicht mehr und sind dankbar dafür, dem Rat gefolgt zu sein, ein Auto mit Allradantrieb zu mieten.

Hier Land aufzukaufen war kein Problem, viele Landwirte stehen hier Schlange, um an das Reservat zu verkaufen. Bislang sind 60.000 Hektar von Rinderranchern aufgekauft worden, 250.000 Hektar sind das Ziel. Verglichen mit den etwa 16 Millionen Hektar, die der Staat aus der Bewirtschaftung genommen hat, ist das nur ein Bruchteil, erklärt Bryce, doch hindert das einzelne Landwirte offenbar trotzdem nicht daran, das Projekt zu kritisieren.

»Bisons sind sehr intelligente und soziale Tiere, die sich umeinander kümmern. Darüber hinaus sind sie effizientere

Grasverwerter als Rinder. Sie weiden intensiv, unternehmen große Wanderbewegungen und kehren erst nach langer Zeit an denselben Ort zurück. Dadurch weist das Gras der Prärie unterschiedliche Längen auf, wovon verschiedene Vogel- und Tierarten profitieren. Rinder weiden gleichmäßiger und lassen halbhohes Gras zurück, weshalb hier nicht so ein großer Artenreichtum herrscht.«

»Wir wollen zeigen, dass das Reservat den Leuten eine Chance eröffnet, ihre Heimat nicht verlassen zu müssen und dadurch ihren Lebensunterhalt zu bestreiten. Wir erbringen einen wirtschaftlichen Nutzen«, erklärt Bryce Christensen.

Denn das ehrgeizige Ziel lautet, in dieser dünn besiedelten Landschaft durch den an das Reservat gekoppelten Tourismus neue Arbeitsplätze zu schaffen.

An den Bisons scheiden sich in Montana die Geister. Die Kritiker einer Wiederansiedelung fürchten, dass die Tiere Krankheiten einschleppen oder die Rinder von den Weidegründen verdrängen.

>>Selbst hoch-
wertiges Prärie-
fleisch wird von
der US-amerika-
nischen Kompo-
nentenindustrie
vereinnahmt.<<

Darüber hinaus möchte man ein ein-vernehmliches Miteinander zwischen Naturschutz und Landwirtschaft erreichen. Landwirte, die ihr Land an das Reservat verkaufen, können weiterhin Viehzucht darauf betreiben, sofern sie auf bestimmte Bedingungen eingehen, wie keine wilden Tiere zu töten und dadurch ihren Bestand zu verringern. Im Hinterkopf schwebt den Betreibern des Reservats vor, dieses Fleisch später unter einer eigenen Dachmarke zu verkaufen, als eine Art Präriefleisch, mit dem für das Wohl wildlebender Tiere gesorgt werden soll. Mit Beginn des nächsten Jahres soll damit begonnen werden, vor allem visiert man Restaurants in New York und Chicago als potenzielle Abnehmer an.

Die Rinder, die zu Präriefleisch verarbeitet werden sollen, werden zu einem Feedlot, einem großen eingezäunten Auslauf für die Endmast mit Mais überführt, bis sie schlachtreif sind. Dieser Feedlot wird sich vermutlich in Texas, Colorado oder in einem der anderen Bundesstaaten befinden, die sich auf Schlachtung spezialisiert haben. Noch nicht einmal eine Marke mit so hohem Mehrwert wie das Präriefleisch entgeht der nordamerikanischen Komponentenindustrie.

Bryce Christensens Arbeit läuft jetzt darauf hinaus, sich auf die Renaturierung der Prärie zu konzentrieren. Das Reservat kauft nur ungepflügtes Land, also nur Weideland, weil es ein zu gewaltiger Aufwand wäre, gepflügten Boden wieder zu renaturieren. In manchen Gebieten wird Grassaat ausgebracht, um den richtigen >>Präriemix<< von Gräsern zu erhalten. Außerdem flammt man die Prärie regelmäßig ab, so wie es früher die amerikanischen

Ureinwohner gemacht haben, um Pflanzen und Tiere, die in der »alten« Prärie heimisch waren, dazu zu animieren, sich wieder dort anzusiedeln.

Das Präriereservat ist ein Beispiel dafür, dass die Landwirtschaft zurückweichen muss, um wertvolle Ökosysteme wiederherzustellen, die durch die Ausweitung der Landwirtschaft verloren gegangen sind. Dieses Phänomen gibt es im Prinzip überall auf der Welt. In Schweden ist der Hornborgasjön ein bekanntes Beispiel dafür; dort wurde aus einer ehemals bewirtschafteten Fläche wieder ein Feuchtgebiet. Um Ökosysteme wiederherzustellen, fließen finanzielle Mittel in Dauergrünland und Weideland, damit sie erhalten bleiben. Es setzt sich immer mehr die Ansicht durch, dass nicht nur die Produktivität das alles Entscheidende ist.

Die Frage lautet, in was für einer Welt wir leben wollen, ob wir in bestimmten Gebieten eine hochintensive Landwirtschaft haben möchten und die Natur an anderen Orten schützen. Oder sind wir der Ansicht, dass Natur neben der Landwirtschaft existieren kann? So wie es sich die Menschen, die hinter dem Präriereservat stehen, in etwa vorstellen.

Kapitel III

Rinder, Schweiß und Soja

In Brasiliens Landwirtschaft dreht sich alles um Fleisch. Es ist die Expansion der Rindfleisch- und Sojaproduktion, die für das brasilianische Landwirtschaftswunder verantwortlich ist – und gleichzeitig für die Abholzung des Regenwalds und des Cerrado steht. Aber es gibt auch einen anderen Aspekt. Die rasch wachsende Landwirtschaft hat eine wichtige Rolle bei den Bemühungen der Regierung gespielt, die Anzahl der Armen und Hungrigen in Brasilien zu verringern. Durch das Siedlerleben im Amazonasgebiet konnten Luis Vieria und seine Ehefrau Maria der Armut entfliehen und heute ein besseres Leben führen. Darüber hinaus gilt Brasilien weltweit als der größte Bewahrer naturbelassener Gebiete und seit einigen Jahren geht sogar die Erschließung neuer Agrarflächen zurück. Auf Luis' und Marias Land wächst heute wieder Wald, der sich nicht nur durch seine Vielfalt und Schönheit auszeichnet, sondern eine wichtige Einnahmequelle für das Paar darstellt.

Im Land der Siedler

Satter kann man kaum sein. Start und Ziel unserer Reise nach Brasilien ist das Restaurant Churrascaria Boi Grill in Cuiabá, der Hauptstadt des Bundesstaates Mato Grosso. Etwa zwanzig Servicekräfte laufen geschäftig mit Grillspießen aus Rindfleisch, Schweinefleisch, Hähnchen und Innereien wie Leber und Herz umher. Sie schneiden direkt an unserem Tisch dünne Scheiben davon ab, um anschließend wieder zu den glühenden Kohlegrills zurückzukehren, wo das Fleisch erneut aufgelegt wird. Dieses Fleisch ist etwas völlig anderes als die vakuumverpackten Steaks, die wir kennen. Interessiert erkundigen wir uns danach, was das für Fleisch sei und erhalten einen Wortschwall auf Portugiesisch zur Antwort: Coxão, Mole, Pacú. Das sagt uns nicht viel, die Kenntnisse unseres Dolmetschers und Mitarbeiters Tiago reichen dafür nicht aus. Am liebsten mögen wir das Fleischstück mit dem Namen Picanha – ein Roastbeaf mit breitem Fettrand. Es ist unglaublich köstlich und es fällt uns schwer, nein zu sagen, als die Kellner uns noch mehr anbieten wollen.

Am Ende unserer Mahlzeit sitzen wir schließlich mit einem kleinen Fleischberg vor uns da, den wir partout nicht mehr hinunter bekommen. Wir haben nicht nur schmählich viel Fleisch gegessen, sondern auch peinlich viel übrig gelassen.

Dass wir unsere Brasilien-Reise in Mato Grosso in einer Churrascaria beginnen und enden lassen, liegt nicht nur daran, dass wir gerne Fleisch mögen. Die Fleischproduktion hat einen bedeutenden Anteil an der landwirtschaftlichen Expansion Brasiliens und Mato Grosso steht in ihrem Zentrum. Heute ist Mato Grosso der größte Soja- und Baumwollproduzent Brasiliens und 14 Prozent der gesamten Fleischproduktion entfallen auf diesen Bundesstaat im Inneren des größten südamerikanischen Landes. Doch Mato Grosso ist auch führend in der Rodung von Wäldern zur Gewinnung neuer Weide- und Ackerflächen. Zwei Fünftel des Waldes und die Hälfte der Savanne sind vor allem in den letzten zwanzig Jahren in Agrarflächen umgewandelt worden.

>>*Die Abholzung der Regenwälder wird oft in einem Atemzug mit dem brasilianischen Landwirtschaftswunder genannt.*«

Die Abholzung von Regenwäldern wird oft in einem Atemzug mit dem brasilianischen Landwirtschaftswunder genannt. Wenn Bilder von Brandrodungen und riesigen, mit genmodifiziertem Soja bepflanzten Feldern gezeigt werden, verbunden mit der Information über Großunternehmen, die Abholzung betreiben, um unseren wachsenden Fleischkonsum zu befriedigen, sind Schuldzuweisungen nicht mehr zu vermeiden. Das Schlimme daran ist, sie sind wahr – zumindest teilweise, denn die Geschichte hat mehrere Facetten. Da gibt es zum Beispiel Schicksale wie das von Luis und Maria, armen Landarbeitern aus dem Nordosten Brasiliens, die nach einem besseren Leben streben, oder den Aspekt einer wirklich beeindruckenden Zurückdrängung schlimmster Armut, trotz eines rasanten Bevölkerungswachstums. Und es gibt die womöglich strengsten Gesetze der Welt zum Schutz des Waldes – auch wenn diese Gesetze längst nicht immer befolgt werden. Denn obwohl in Mato Grosso Wald in großem Stil abgeholzt wurde, besteht mehr als ein Viertel seiner Landfläche aus Reservaten unterschiedlichster Kategorien.

Brasiliens landwirtschaftliche Nutzfläche (1961–2009)

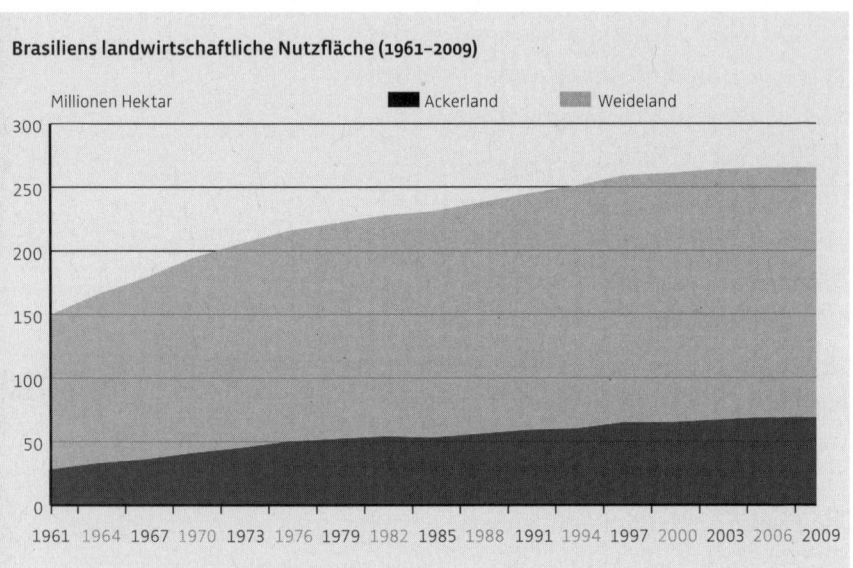

Seit wenigen Jahren ist das Ausmaß der Umwandlung von Wald in Ackerland und Weide rückläufig. Brasiliens landwirtschaftliche Nutzfläche bleibt annähernd konstant.

Die Entwicklung der Landwirtschaft in Brasilien ist durch einen schnellen Bevölkerungsanstieg, ein rasantes Wirtschaftswachstum und den Export angeheizt worden. Die Bevölkerung hat sich zwischen 1950 und 2011 nahezu vervierfacht und zählt mittlerweile 200 Millionen Menschen; damit liegt Brasilien unter den bevölkerungsreichsten Ländern der Erde auf Platz fünf. Ein Großteil der Menschen befindet sich im erwerbsfähigen Alter, was eine

Rund ein Drittel der weltweiten Pflanzenproduktion dient heute bereits als Viehfutter. Die artenreichen Regenwälder werden zunehmend von riesigen Soja-Monokulturen verdrängt.

wichtige Rolle für das starke Wirtschaftswachstum und die rasche Ausweitung der landwirtschaftlichen Nutzfläche gespielt hat. Brasilien ist weltweit der größte Zucker-, Kaffee-, Orangensaft-, Rindfleisch-, Tabak-, Ethanol- und Hühnchenexporteur. Bezogen auf die Gesamtexportmenge von Agrarprodukten muss sich das Land nur den USA geschlagen geben; doch während der Anteil der USA am Export sinkt, wächst derjenige Brasiliens weiter an. Mehr als ein Viertel aller Exporte entfallen auf Sojabohnen und Sojaerzeugnisse, 19 Prozent auf Fleisch, 17 Prozent auf Zucker und Ethanol aus Zuckerrohr und etwa acht Prozent auf Kaffee. Trotz des Exportvolumens ist der Großteil der landwirtschaftlichen Erzeugung für den heimischen Markt bestimmt, der sowohl durch das Bevölkerungswachstum als auch durch gestiegene Einkommen und dadurch veränderte Ernährungsgewohnheiten gewachsen ist. Der Fleischkonsum ist zwischen 1972 und 1997 beispielsweise um das Vierfache gestiegen und ein Brasilianer nimmt heute mehr Fleisch zu sich als viele Mitteleuropäer.

Wir fahren 2.900 Kilometer in einer Woche, davon entfallen 1.900 Kilometer auf holprige Schotterstraßen. Die Fahrt bringt uns vom Süden Mato Grossos in den Norden, die Landschaft ändert dabei mehrfach ihren Charakter. Um Cuibá sind das Gelände und der Boden gleichermaßen ungeeignet für die Landwirtschaft, trotzdem sind ihre Auswirkungen hier sichtbar. An den Straßenrändern liegen große Mengen Mais und ein steter Strom staubiger, mit Planen abgedeckter Lkws kommt uns entgegen. Ihre Ladung: Mais und Soja. Auf dem Hochplateau bei Nova Olimpia sehen wir, woher die vielen Fahrzeuge kommen. Die Felder haben gigantische Ausmaße, das, was wir zuvor in Illinois gesehen haben, erscheint uns nun beinahe klein. Lange fahren wir durch ein Meer aus Zuckerrohr, danach an endlosen Feldern mit erntereifer Baumwolle und Mais vorbei; Soja wurde bereits geerntet. Tiere sehen wir nicht, aber ein wenig Wald, meist in der Ferne. Und so geht es auf den 500 Kilometern bis Juina weiter. Auf der Fahrt von Juina nach Juruena, unserem ersten Halt, sehen wir dagegen nur noch Tiere, Weideland und Wälder – erst Savannenwald, dann Regenwald.

Als weltweit erster Fleischerzeuger wurde die Rinderranch São Marcelo von der Umweltschutzorganisation Rainforest Alliance zertifiziert.

»Die Rinderzucht stellt die größte Bedrohung für die Wälder dar«, erklärt Paulo Nunes in dem kleinen Café in Cotriguaçu mit gedämpfter Stimme.

Man will es sich hier lieber nicht mit dem wichtigsten Wirtschaftszweig der Gegend verderben. Der größte Fleischproduzent der Welt, die brasilianische JBS, baut in Juruena einen neuen

Die Zahl der Volksstämme, die keinen unmittelbaren Kontakt mit der modernen Gesellschaft haben, war in den letzten Jahrzehnten stark rückläufig. Heute leben die Indigenen in Reservaten, die rund ein Fünftel der Fläche des Bundesstaates Mato Grosso einnehmen.

Schlachthof, was zu einem weiteren Anstieg der Fleischproduktion führen wird. Brasilien hat etwa 210 Millionen Rinder und liegt damit, gemeinsam mit Indien, an der Spitze der weltweiten Fleischproduktion. Paulo Nunes, der Koordinator der Organisation *Poço de Carbono Juruena*, begleitet uns zu einem assoziierten Betrieb, der Agroforstwirtschaft betreibt. Er ist der Meinung, die Viehzucht beschleunige die Zerstörung der Wälder und die Aufzucht von Rindern für die Schlachtung sei kein gewinnbringender und zukunftsfähiger Wirtschaftszweig für die Kleinbauern; große Unternehmen würden sie aus dem Wettbewerb drängen: »Pro Hektar und Jahr erzielt man nur einen Gewinn von 57 bis 67 Euro aus dem Kälberverkauf und das reicht für einen kleinen Betrieb nicht aus. Die Kosten der großen Rancher dagegen sind in allem geringer, nur bei den Kosten für die Arbeitskräfte nicht.«

Von Jururena fahren wir auf einer schnurgeraden Piste nach Norden. Die Farmen ringsum werden kleiner, der Wald rückt näher und die Straße wird immer schlechter. Es ist heiß und staubig. Als die Straße zwischenzeitlich durch einen geschlossenen Wald führt, wird es sofort ein paar Grad kühler und die Luft herrlich frisch und angenehm. Holzlaster kommen uns entgegen, die mit den Baumriesen des Amazonas-Tieflands beladen sind.

»Wenn man ihnen tagsüber begegnet, ist das Holz aller Wahrscheinlichkeit nach legal geschlagen worden, nachts sieht es dagegen anders aus«, erklärt Paulo.

Wie alle, mit denen wir Gespräche führen, stammt Paulo ursprünglich nicht aus dieser Gegend. Er berichtet uns davon, dass der Staat regionale Lebensmittel, zum Beispiel Paranussprodukte, aufkauft, um sie an die Schulen zu verteilen. Die Kinder erhalten auf diese Weise nicht nur eine kostenlose Mahlzeit, sondern lernen gleichzeitig Lebensmittel aus der Gegend kennen. Die kostenlose Schulspeisung ist ein Teil des brasilianischen Null-Hunger-Programms zur Armutsbekämpfung. Sein wichtigster Baustein ist Bolsa Família, eine Familienbeihilfe, die unter der Bedingung, dass die Kinder die Schule besuchen und geimpft werden, ausgezahlt wird. Im Jahr 2009 erreichte die Beihilfe 44 Millionen Menschen und damit fast ein Viertel der brasilianischen Gesamtbevölkerung. Andere Elemente des Programms sind Ausbildungs-, Beschäftigungs- und Gründungsinitiativen, die auf die arme Bevölkerung zugeschnitten sind, sowie Subventionen für Kleinbauern.

»Als die Gegend erschlossen wurde, wussten die ersten Siedler nicht, welche der lokalen Erzeugnisse essbar waren, aber diese Kinder werden die Ernährungsgewohnheiten ihrer Eltern nachhaltig beeinflussen«, erläutert Paulo.

»Die ersten zwei Jahre, als wir das Land gerodet haben, haben wir uns von Ratten, Palmherzen, dem Mehl der Babassupalme und anderen Wildpflanzen ernährt«, sagt uns Maria Viera, als sie uns in ihrem Heim in der kleinen Siedlung Nova Esperança empfängt, wo die Straße endet und in endlose Wälder übergeht.

Obwohl Maria erst 57 Jahre ist, sieht sie aus wie eine Greisin. Neun Kinder hat sie geboren, sechs leben noch. Sie leidet an Diabetes, hat eine Wunde, die Anzeichen einer beginnenden Blutvergiftung aufweist, und nur noch drei Zähne im Mund. Doch sie und ihr Mann Luis sprühen vor Leben. Er sitzt keine Sekunde still, redet unaufhörlich und ist ganz begeistert, dass wir den weiten Weg aus Schweden auf uns genommen haben, um ihre kleine Farm in einem verkehrstechnisch unzugänglichen Gebiet zu besuchen.

Vor fast 20 Jahren haben Maria und Luis ihrem Leben als Landarbeiter in dem von Armut beherrschten Nordosten Brasiliens den Rücken gekehrt, um sich am Rand des Amazonaswaldes niederzulassen, wo der Staat Land zur Nutzung vergab. 24 Familien sind hierher umgesiedelt, 17 davon sind geblieben. Die übrigen Siedler starben an Malaria oder anderen Krankheiten, oder sie haben aufgegeben und sind weggezogen. Die Besiedlung von Mato Grosso ist ein Teil der Politik des brasilianischen Staates, bei der Landrechte an Siedler vergeben wurden. Sie erhielten zudem verschiedene Arten von Beihilfen und günstige Kredite. Maria und Luis bekamen beispielsweise eine einfache Unterkunft.

Brasilien ist bekannt für seine ungleiche Verteilung von Landeigentum. Viele Millionen Menschen besitzen keinen eigenen Grund und Boden und verdingen sich auf dem Land als einfache Landarbeiter. Seit dem Beginn der 1990er Jahre haben sie sich immer wieder illegal Land angeeignet. Manche dieser Aktionen wurden brutal niedergeschlagen, wie 1996 in Eldorado de Carajas im Bundesstaat Pará, als 19 Menschen ums Leben kamen und 40 verletzt wurden. Eine Bodenreform hat schon lange auf der politischen Agenda gestanden, doch es war für die Regierung einfacher, den besitzlosen Zuwanderern Flächen in Amazonien und anderen unerschlossenen Gegenden zuzuweisen, als eine Reform durchzusetzen, die einen Konflikt mit den mächtigen brasilianischen Großgrundbesitzern heraufbeschworen hätte. Unter der Regierung von Präsident Lula wurde die Siedlungspolitik weiter forciert und 519.000 Familien erhielten zwischen 2003 und 2008 neues Land.

Luis und Maria sind heute der Ansicht, dass es ihnen gut gehe, und ihre Farm ist ein Beispiel dafür, dass man mit einfachen Mitteln und einem kleinen ökologischen Fußabdruck ein gutes Leben führen kann. Ein Sonnenkollektor erzeugt genügend Strom für Licht, Fernsehen und Radio, wenn auch nicht für mehr. Trinkwasser wird mithilfe eines Rohrleitungssystems aus den Bergen herbeigeleitet. Das Brauchwasser fließt in ihre kleine Fischzucht.

»Einige sehen im Geschäft mit der Klimakompensation eine neue Form der Kolonisation – wenn auch mit umweltfreundlichen Vorzeichen.«

Obwohl sie einen Gasherd besitzt, kocht Maria die meisten Mahlzeiten auf dem Holzofen, denn das Holz aus ihrem eigenen Wald kostet sie schließlich nichts. Heute gibt es hier auch eine Straße, die zwar in der Regenzeit nicht befahrbar ist, aber eine deutliche Verbesserung zu dem Eselspfad darstellt, den sie bei ihrer Ankunft vorfanden.

Uns wird eine einfache, schmackhafte und gesunde Mahlzeit aus Bohnen, Reis, Fleisch und Salat aufgetischt. Die Zutaten dafür stammen von der Farm.

Stolz führt uns Luis durch seine Agroforstwirtschaft, die auf knapp einem Fünftel der 100 Hektar Land betrieben wird. Hier wachsen Kaffeesträucher, Kakaobäume, Bananenstauden, Papaya- und Mangobäume mit Teak, Eukalyptus und andere Bäume. Insgesamt 83 verschiedene Arten – eine sagenhafte Vielfalt. Manche der Bäume dienen als Bau- und Brennholz, andere als Nahrungsquelle und wiederum andere helfen, den Nährstoffhaushalt des Bodens zu verbessern. Zufrieden streicht Luis über einen Teakstamm. »Dieser Stamm wird mir 1.000 Reais (ungefähr 400 Euro) einbringen, und ich besitze 4.000 davon. Ich bin jetzt ein reicher Mann«, sagt er zufrieden lächelnd.

Im Baumschatten gedeihen niedrige Sträucher, Kräuter und Gemüse besser als in offenen Kulturen. Luis und Maria halten ebenfalls verschiedene Tiere und verkaufen Kälber, diese stehen aber nur an vierter Stelle ihrer Einnahmequellen. Vor allem verdienen sie an Kaffee, Kakao und an den Palmherzen der Pupunhapalme. Luis und Maria betreiben ökologische Landwirtschaft, sind aber nicht zertifiziert. Sie verkaufen ihre Erzeugnisse lokal, aber in ihrer Gegend gibt es keinen entwickelten Markt für Bioprodukte.

Die Agroforstwirtschaft beschert den beiden eine weitere potenzielle Einnahmequelle. Durch diese Art der Bewirtschaftung können in nachwachsender Biomasse und im Boden (dort als Humus) pro Jahr eine oder mehrere Tonnen Kohlenstoff gebunden und so Klimakompensationszertifikate verkauft werden, eine Art von Ausgleichszahlung, welche die Verursacher von Kohlenstoffemissionen entrichten. Verbraucher zahlen beispielsweise einen Ausgleich für die Emissionsbelastung ihrer Flugreise, Unternehmen können auf diese Weise klimaneutrale Erzeugnisse oder Dienstleistungen anbieten. Deshalb unterstützt Brasiliens halbstaatliche Ölgesellschaft Petrobas die Agroforstwirtschaftsprojekte, da es im Interesse des Ölriesen liegt, Kompensationsmöglichkeiten für die Emission von Treibhausgasen zu finden, die durch ihr Unternehmen verursacht wird. Die Kohlenstofffixierung bringt den beteiligten Bauern 90 bis 150 Euro zusätzlich im Monat ein. Dies könnte einen starken Anreiz dafür liefern, Bäume zu pflanzen und den Boden auf die bestmögliche Art zu pflegen. Doch gibt es auf der geschäftlichen Seite ein paar Haken. Zu messen und zu kontrollieren, wieviel Kohlenstoff im Boden gespeichert wird, ist aufwendig und kostenintensiv, weshalb viel Geld an Händler und Zertifizierungsorganisationen fließt. Auch die Einnahmen sind unsicher; so fiel der Preis für derartige Kohlenstoffgeschäfte an der Chicagoer Börse zwischen 2009 und 2010 um 90 Prozent. Während sich für Kleinbauern also einerseits neue Einkommensquellen erschließen, entstehen andererseits neue Abhängigkeitsverhältnisse. Wenn die Bauern sich an ein Klimakompensationsprojekt anschließen, sind sie verpflichtet, das Land über einen langen Zeitraum auf eine bestimmte Art zu nutzen. Kritiker sind der Ansicht, dass dies eine Form der Kolonisation sei, wenngleich mit umweltfreundlichen Vorzeichen.

»Wir konzentrieren uns nicht auf die Kohlenstoffbindung, sondern wollen den wirtschaftlichen und ökologischen Nutzen der Agroforstwirtschaft betonen«, erklärt Paulo Nunes vom Aufforstungsprojekt.

Rinder,
die den Wald niedermähen – oder retten

»Herzlich willkommen in São Marcelo, ich freue mich, dass Sie hierhergefunden haben«, sagt Leone Furlanetto.

Und wir freuen uns auch, ist es doch schon dunkel und reichlich spät, als wir nach einer Zweitagesreise mit fünfstündiger Unterbrechung wegen einer Autopanne die Ranch nördlich von Juruena erreichen. Der 25-jährige Leone ist Tierarzt und verantwortlich für die Qualitätssicherung auf der großen Rinderranch São Marcelo.

Erst ein paar Wochen vor unserem Besuch wurde São Marcelos Fleischerzeugung als erste weltweit von der in den USA ansässigen Umweltschutzorganisation Rainforest Alliance zertifiziert.

»Die Rinderzucht wird als Hauptgrund für die Zerstörung Amazoniens dargestellt. São Marcelo dagegen zeigt Züchtern aus ganz Lateinamerika, dass Rinder, Wildtiere und die Natur koexistieren können«, erklärt Tensie Whelan, die Vorsitzende der Rainforest Alliance in einer Pressemitteilung.

»Wir haben die Zertifizierung vor allem eingeführt, um für den Export des Rindfleisches ein positives Bild von der brasilianischen Tierhaltung zu vermitteln«, so Leone. »Das hilft beim Erschließen neuer Märkte, trägt aber auch zu einer nachhaltigeren Produktion bei. Das Fleisch soll auch in Brasilien vermarktet werden.«

Die Organisation bietet neun verschiedene Zertifikate an, die die Einhaltung von Umweltschutz-, Qualitäts- und Tierschutzkriterien bescheinigen. Früher hatte auch die Ranch ein ökologisches Siegel, aber vor einem halben Jahr wurde hier die ökologische Erzeugung eingestellt und die Zertifizierung aufgegeben, da es so schwer war, die zusätzlichen Kosten finanziert zu bekommen.

»Der höhere Preis, den wir mit unseren ökologischen Erzeugnissen erzielten, spielte nicht die Zusatzkosten wieder ein, die wir für die Beseitigung der Buschvegetation aufbringen mussten, die sich auf dem Weideland ausbreitete. Jetzt können wir Pestizide dagegen einsetzen, das ist preiswerter. Zudem gibt es ein paar Impfstoffe für die Rinder, die wir für wichtig halten, deren Verwendung aber die ökologischen Vorgaben nicht erlauben«, sagt Leone.

Die 9.000 weißen Nelore-Rinder mit ihrem ausgeprägten Buckel haben gerade begonnen zu kalben. Jede Kuh wirft pro Jahr ein Kalb, das bis zu einem Alter von sieben Monaten auf der Ranch aufgezogen wird, bis es zur Endmast auf einen der Betriebe verschickt wird, die das Unternehmen im Süden Mato Grossos betreibt.

Die Kälber stellen die Haupteinkunftsquelle der Ranch dar, ihr Wert beläuft sich auf etwa 1,6 Millionen Euro pro Jahr. Umgelegt auf die 25.000 Hektar der Ranch, sind das nur rund 56 Euro pro Hektar. Das Unternehmen möchte den Ertrag auf der Ranch steigern und die Zahl der Tiere von weniger als einem Rind pro Hektar auf etwa zwei verdoppeln. Diese Expansion soll ohne zusätzliche Düngung der Ländereien bewerkstelligt werden. Man möchte dafür die Anzahl der Bäume auf den Weideflächen reduzieren und eine intensivere turnusmäßige Beweidung einführen.

Leone erzählt von ihrer Anlage im 800 Kilometer weiter im Süden gelegenen Tangará da Serra, wo die Weiden künstlich bewässert werden. Dort geht man davon aus, bis zu 20 Rinder pro Hektar halten zu können und dennoch den Großteil des Futters aus der Beweidung sicherzustellen.

»Wenn es nur begrenzte Nutzflächen gibt oder das Land teuer ist, aber eine gute Infrastruktur existiert, lohnt sich eine Intensivierung der Rinderzucht.«

Während unseres Aufenthalts erhält eine Rinderherde Brandzeichen. Sie sind von Vaqueiros, den stolzen Cowboys Brasiliens, zusammengetrieben worden. Wurden die Tiere früher mit Peitschenhieben gesammelt, so treibt man sie heute mit einem an einem Stock befestigten weißen Stofffetzen in den Gang, der zur Behandlungsbox führt. Dort liegen die glühenden Eisen und warten auf ihren Einsatz. Uns erstaunt der Kontrast zwischen der traditionellen Art des Brandmarkens und den reitenden Vaqueiros mit Sporen und Chaps über den Jeans auf der einen und der jungen Frau auf der anderen Seite, die mit einem Laptop und den neuesten Agrarsoftwareprogrammen alles dirigiert und genau registriert, welche Rinder ein Brandzeichen bekommen haben. Die globalen Wirtschaftsströme reichen bis weit nach Amazonien hinein.

Obwohl die Rinder hier gebrandmarkt werden, führen sie verglichen mit den meisten ihrer Artgenossen auf der Welt ein paradiesisches Leben. Sie können sich mit ihren Kälbern auf ausgedehnten Weideflächen frei bewegen und werden artgerecht gehalten. Die Landschaft ist ausgesprochen schön, abwechslungsreich, hügelig und fruchtbar. Wir sehen viele Wildtiere und die Papageien kreischen laut. Nur das Wissen darum, dass es sich hier um einen Teil des Amazonasgebiets handelt, trübt unsere Begeisterung und stellt inmitten dieser landschaftlichen Schönheit einen Wermutstropfen dar. Ein führender schwedischer Importeur brasilianischen Rindfleisches kauft kein Fleisch aus Mato Grosso mehr, um der Diskussion mit seinen Kunden aus dem Weg zu gehen.

Das Land wurde vor etwa 25 Jahren »urbar« gemacht, das heißt, der Wald wurde abgeholzt. Die französische Supermarktkette Carrefour – die zweitgrößte der Welt – hat es vor zwanzig Jahren erworben. 2007 verkauften sie es weiter an den heutigen Eigentümer, ein brasilianisches Privatunternehmen. Während unseres Besuchs findet gerade eine politische Auseinandersetzung zwischen dem Senat und der Präsidentin Dilma Rousseff über das neue Waldgesetz statt. Der Senat möchte eine Lockerung des geltenden Waldschutzgesetzes, das ein Teil des Waldgesetzes ist. Die Präsidentin strebt ebenfalls eine Streichung einiger Regelungen bei einer gleichzeitigen stärkeren Überwachung zur Einhaltung der Schutzzonen an. Das Waldschutzgesetz lässt sich bis auf das Jahr 1934 zurückführen, ist jedoch häufig geändert worden. So ist es untersagt, in einer bestimmten Entfernung von Fließgewässern Land zu erschließen

Die meisten Angestellten auf São Marcelo sind männlich, wie die Vaqueiros, die stolzen Cowboys Mato Grossos.

(je nach Breite sind 30 bis zu 500 Meter einzuhalten). Darüber hinaus sollen ganze 80 Prozent des Waldes im Amazonasgebiet und 20 Prozent in anderen Teilen Brasiliens bewahrt werden. Für Grundstücke von weniger als 100 Hektar Größe gibt es Ausnahmen. Noch immer gibt es in Brasilien brachliegendes Land ohne registrierte Eigentümer, das erschlossen werden kann.

Niemand behauptet ernstlich, dass die Gesetze strikt befolgt würden, obwohl die Bauern, die wir treffen, sie einzuhalten scheinen. Von insgesamt 25.000 Hektar Farmgelände in São Marcelo sind 14.000 als Schutzgebiet ausgewiesen, also als Land, das im Prinzip nicht erschlossen werden darf. Dies ist konform mit den Regelungen, die galten, als das Land urbar gemacht wurde, und in denen es hieß, dass die Hälfte des Waldes unter Schutz gestellt werden müsse. Man hält sich an die Schutzzonen entlang der Wasserläufe und zieht Zäune, damit die Rinder dort nicht weiden.

»Bei meinem letzten Besuch habe ich hier eine zwölf Meter lange gesehen«, erzählt uns der 25-jährige leitende Veterinär »Nani«, dessen vollständiger Name Diese Dal lago Canani lautet, und zeigt auf eine kleine Wasserstelle.

Jetzt liegt dort nur ein Kaiman von einem Meter Länge. Jaguare und Anakondas reißen pro Jahr zwischen 50 und 100 Kälber. São Marcelo bejagt die Tiere nicht, das Wild zu schützen, gehört zu den Aufgaben des Betriebs. Drei Anakondas sind in das Naturreservat umgesiedelt worden, aber eine von zwölf Metern Länge zu verfrachten, ist keine leichte Aufgabe.

Wir verlassen Juruena, nachdem wir an den Feierlichkeiten zum 24-jährigen Stadtjubiläum teilgenommen haben, darunter an einem Rodeo, das unter ohrenbetäubendem Lärm und krachendem

Feuerwerk abgehalten wurde und die Rinder vermutlich mehr als jede Brandmarkung in Stress versetzt hat. Unsere Fahrt verläuft den ganzen Tag entlang der Grenzzäune des brasilianischen Landwirtschaftswunders. Als wir den gewaltigen Juruenafluss überqueren, erhaschen wir hier und da einen Blick auf den richtigen Regenwald Amazoniens.

Um diesen ranken sich viele Mythen. Die meisten stellen sich einen unberührten Regenwald mit vielen Baumstockwerken vor, in dem bis auf ein paar scheue Ureinwohner, die kaum in den Wald eingreifen, keine Menschen leben.

Diese Vorstellung ist so jedoch nicht richtig, und das schon seit geraumer Zeit. Der Wald war über zehntausend Jahre lang bewohnt und vieles deutet darauf hin, dass vor der Kolonisation im 16. Jahrhundert, die zu einem starken Bevölkerungsrückgang geführt hat, weitaus mehr Menschen im Regenwald lebten. Ständig stößt man auf Überreste großer Siedlungen und Zeugnisse einer umfassend betriebenen Landwirtschaft. Vor 100 Jahren herrschte hier ein regelrechter Kautschukboom, bis die malaysischen Plantagen den brasilianischen den Rang abliefen. Henry Ford unternahm 1930 im Amazonasgebiet den Versuch, eine riesige Kautschukplantage namens *Fordlândia* aufzubauen. Um 1890 war Manaus im Zentrum des Amazonasgebietes eine Stadt mit Boulevards, elektrischen Straßenbahnen und Straßenbeleuchtung. Heute hat Manaus fast zwei Millionen Einwohner.

Der Großteil des Regenwalds ist heute noch vorhanden, aber die Umwandlung von Amazonaswald in landwirtschaftliche Nutzflächen ist rasant vorangeschritten und wird hauptsächlich von der Rinderzucht weiter angeheizt. Um die Jahrtausendwende herum waren etwa acht Prozent des brasilianischen Amazonastieflands zu Weideland umgewandelt worden, aber nur ein Prozent zu

Ackerflächen. Bei der Umwandlung von Wald zu Weideland wird der Wald gerodet und die Reste werden verbrannt. In einem zweiten Schritt werden die besseren Böden in Felder umgewandelt. Ob Acker- oder Weideland daraus wird, hängt von der Qualität des Bodens und dem Relief ab, wie hoch die Niederschläge sind, aber auch ob es Zugang zu asphaltierten Straßen gibt. Es müssen große Mengen transportiert werden – Kunstdünger und Diesel werden eingekauft, Soja verkauft –, weshalb die Anbindung an Straßen entscheidend dafür sein kann, wozu das Land genutzt wird. Für die Viehzucht, die auf Weidehaltung beruht, ist nahezu kein Ressourceneinsatz nötig und die Tiere können sich notfalls auf ihren eigenen Beinen zum Markt bewegen, somit ist die Viehzucht nicht im Entferntesten so abhängig von der vorhandenen Infrastruktur.

Umweltschützer wider Willen

»Würden Sie mehr für mein Fleisch bezahlen, wenn ich den Wald schütze? In Europa und den USA bezahlt der Staat oft die Bauern für die Landschaftspflege, aber wir bekommen nicht einen Heller! Im Gegenteil, wir müssen sogar Grundsteuern für einen Boden zahlen, den wir nicht bewirtschaften dürfen. Brasilien ist das einzige Land der Welt, das einen solch großen Teil seiner Natur schützt.«

Daniel Wolf erklärt uns, warum er es ungerecht findet, dass er 50 Prozent des Waldes auf der familieneigenen Farm schützen muss. Der herrliche Wald scheint ihm überhaupt keine Freude zu bereiten, im Gegenteil, er hat ihn sogar extra eingezäunt, um die Wildschweine fernzuhalten. Die Familie Wolf besitzt bei Nova Canaã do Norte drei Farmen von insgesamt 12.000 Hektar. Daniel hat den elterlichen Betrieb übernommen, während sein Bruder heute in Kanada lebt und seine Schwester als Psychologin tätig ist. Nicht der Anblick des geschützten Waldes hat uns hergelockt, es ist vielmehr ihre Vielseitigkeit, die diese Farm zwischen den zahlreichen Großbetrieben in Mato Grosso so ungewöhnlich macht.

Während die meisten Landwirte in Mato Grosso sich entweder für den Anbau von Mais oder Soja entscheiden oder Viehzucht betreiben, bewirtschaftet die Familie Wolf einen Mischbetrieb, in dem sie Pflanzenbau und Tierhaltung miteinander kombiniert. Statt einer Einfeldwirtschaft betreiben sie eine Fruchtfolge aus Soja, Mais und Gras, das von den Tieren beweidet wird, und das hat viele Vorteile. Krankheiten, Schädlings- und Unkrautbefall reduzieren sich, wodurch der Betrieb weniger Pestizide einsetzen muss. Die Gräser transportieren Nährstoffe aus tieferen Erdschichten an die Oberfläche und der Viehdung wird in der Fruchtfolge eingesetzt, wodurch weniger Kunstdünger nötig ist. Durch die Wechselwirtschaft ist der Ernteertrag aller Nutzpflanzen höher. Die Ertragssteigerung bei der Sojaernte im Vergleich zur Einfeldwirtschaft beträgt fast 20 Prozent. Daniel ist der Auffassung, dass der Betrieb mit einem integrierten Anbausystem, in dem neben dem Grünfutter Soja und Mais zugefüttert wird, noch weitaus mehr Rinder auf derselben Fläche weiden lassen könnte.

Hier wird keine ökologische Landwirtschaft betrieben, nur das Gemüse für die Angestellten wird hier ökologisch produziert. Wie in nahezu allen anderen großen Pflanzenbaubetrieben in Brasilien setzt man keinen Pflug für die Bodenbearbeitung ein und greift für die Unkrautbekämpfung vor der Aussaat zu Roundup. Bislang haben die Wolfs Soja angebaut, der nicht genmodifiziert ist, sogenanntes GVO-freies Soja, doch in der nächsten Saison werden sie womöglich damit aufhören, weil die Unkrautbekämpfung billiger wird, wenn der Betrieb Roundup auch für heranwachsende Sojapflanzen einsetzen kann.

>»Würden Sie mehr für mein Fleisch bezahlen, wenn ich den Wald schütze?«

»Wir bekommen für das GVO-freie Soja 30 bis 80 Cent mehr pro 60-Kilo-Sack, aber das reicht nicht aus, um uns für die gestiegenen Kosten zu entschädigen. Das GVO-Soja erhöht nicht den Ernteertrag, es lässt sich nur preiswerter anbauen«, sagt Daniel.

Auf 85 Hektar haben sie einen Modellversuch mit Agroforstwirtschaft gestartet. Verglichen mit Luis' und Marias Agroforstwirtschaft, die eine unglaubliche Vielfalt aufweist, in hügeligem Gebiet betrieben wird und in der sich die Pflanzen in einer beinahe natürlichen Fruchtfolge abwechseln, ist die Agroforstwirtschaft der Wolfs monoton. Hier erstrecken sich schnurgerade Reihen mit Bäumen, dazwischen liegen quadratische Parzellen, die auf die Maschinen der Farm und das Bewirtschaftungssystem zugeschnitten sind. In den ersten Jahren können in den Zwischenräumen Mais und Soja angebaut werden, danach dienen sie als Weidefläche für die Rinder. Die Teak-, Eukalyptus- und Balsabäume sind nur gut drei Jahre alt, können aber bereits in einem Alter von sieben Jahren geschlagen werden – eine beeindruckende Wachstumsgeschwindigkeit.

Als die angesehene Zeitschrift *The Economist* 2010 in einem Artikel die rasante landwirtschaftliche Entwicklung Brasiliens mit drei Worten auf den Punkt bringen wollte, schrieb sie »Embrapa, Embrapa, Embrapa«. So heißt das staatliche landwirtschaftliche Forschungsinstitut Brasiliens. Seine größte Errungenschaft liegt in der Entwicklung einer Landwirtschaftstechnologie für die Böden der Savannen, der *Cerrados*. In den 1970er Jahren experimentierte *Embrapa* mit dem afrikanischen Brachiaria-Gras und entwickelte eine Methode zur biologischen Stickstoff-Fixierung, die den Einsatz von Kunstdünger überflüssig machte – der entscheidende Durchbruch für die Viehzucht Brasiliens. Später hat *Embrapa* eine wichtige Rolle bei der rasanten Entwicklung des Sojaanbaus gespielt, unter anderem durch die Zucht von Sojasorten, die an das Klima angepasst sind.

Wir statten ihrer kleinen Abteilung in Sinop einen Besuch ab. Dort ist man auf integrierte Produktionssysteme ausgerichtet, also Systeme, die Elemente des Pflanzenbaus, der Tierhaltung und der Forstwirtschaft miteinander kombinieren, so wie in dem Modellversuch von Daniel Wolf. *Embrapa* hat gerade erst seine neuen Räumlichkeiten eingeweiht. Die Gebäude sind lichtdurchflutet und geschmackvoll ausgestattet, mit Holz als wichtigem Baustoff, künstlerischen Elementen hier, Fischteichen dort. Wenn dies für die kommende brasilianische Landwirtschaft maßgeblich sein sollte, strahlt sie Kultur, Ästhetik und Zukunftsfähigkeit aus – hier umgibt man sich mit einem Design, das die Natur zum Vorbild hat.

Obwohl man sich in unmittelbarer Nachbarschaft zum größten Urwald der Erde befindet, beschäftigt man sich hier auch mit
forstwirtschaftlichen Fragen, zum Beispiel mit Aufforstung. Die
Nachfrage nach Holz für die Papierproduktion, für Aktivkohle
und Bauholz ist groß. Doch der Forschungs-
leiter Austeclínio Neto geht davon aus, dass
die Integration von Land- und Forstwirtschaft langsam vor sich gehen wird. Momentan gäbe es nur sechs größere Modellversu-
che in Mato Grosso.

»*Brasilien ist das
einzige Land der
Welt, welches
einen solch gro-
ßen Teil seiner
Natur schützt.*«

»Im Gegensatz dazu herrscht großes Interesse an einer Kombination aus Tierhaltung
und Pflanzenbau. Auf diese Weise werden
mittlerweile schon etwa 300.000 Hektar bewirtschaftet.«

Embrapa plädiert nicht für eine ökologische Bewirtschaftung,
doch glaubt man, den Einsatz von Kunstdünger reduzieren zu
können. Sojabohnen können wie alle Hülsenfrüchte biologisch
Stickstoff binden, das heißt, Bakterien unterstützen die Pflanze
dabei, ihren Stickstoffbedarf zu decken. Brasilien hat eine Zucker-
rohrart entwickelt, die ebenfalls Stickstoff zu fixieren vermag, und
man ist auf bestem Wege, Mais mit derselben Eigenschaft zu züchten. In Zukunft muss die Landwirtschaft sowohl hochproduktiv
als auch nachhaltig sein. Monokulturen, wie sie in Mato Grosso
üblich sind, seien nicht gut für den Boden, erklärt der Instituts-
leiter João Silva.

»Im Bundesstaat Bahia hat man vier Jahre in Folge Soja angebaut – das hat ausgereicht, um den Boden zu zerstören.«

Brasilien verzichtete lange auf GVO-Saat, aber nachdem diese illegal im Land verbreitet wurde, gab die Regierung auf und ließ sie ab 2003 zu. 2011 wurden 32 Millionen Hektar mit GVO-Soja, GVO-Mais und GVO-Baumwolle angebaut. Heute sind die meisten Maispflanzen in Mato Grosso GVO-modifiziert. Unternehmen, Bauern und die Bundesstaaten halten ein Programm vor, um ihren Kunden auch GVO-freie Erzeugnisse anbieten zu können, darunter auch europäischen Futtermittelunternehmen. Man strebt an, 30 Prozent der Sojaproduktion GVO-frei zu gestalten. Bei fast allen GVO-Kulturen in Brasilien gab eine vermeintliche Resistenz gegen Roundup den Ausschlag für ihren Anbau. Den Befürwortern zufolge soll dadurch der Einsatz von Pestiziden sinken, aber die Statistik spricht eine andere Sprache. Zwischen 2005 und 2011 stieg der Einsatz von Pestiziden von sieben Kilo pro Hektar auf über zehn an. Im Bundestaat Paraná zeigen Untersuchungen, dass Erzeuger von GVO-Soja 3,6 Kilogramm Pestizide pro Hektar einsetzen, während die Farmer, die GVO-freies Soja anbauen, mit 3,1 Kilo auskommen.

»Wir haben verstärkt Probleme mit Unkraut, das gegen Roundup resistent ist. Jetzt müssen wir fünf verschiedene Unkräuter mit anderen, stärkeren Pestiziden bekämpfen. Zwischen der Ausbreitung der Resistenz und der GVO-Saat besteht ein eindeutiger Zusammenhang. Es wäre ohne Weiteres möglich, ohne Herbizideinsatz Land zu bewirtschaften, denn mit guten Fruchtfolgen und schonender mechanischer Bodenbearbeitung ist Unkraut kein wirkliches Problem«, so João Silva.

Cirka drei Millionen Hektar sind mittlerweile von diesen fünf Unkräutern infiziert, und um gegen sie vorzugehen, wird meistens Paraquat, ein äußerst giftiges Herbizid, eingesetzt, das die EU 2007 verboten hat. Ein Teelöffel davon genügt, um einen Menschen zu töten, und unter den Landarbeitern sind mehrere Todesfälle dokumentiert, die auf Paraquat zurückzuführen sind. In Brasilien werden mehr als drei Millionen Liter Paraquat eingesetzt, vor allem auf Sojaplantagen. Brasilien importiert Paraquat vom Syngenta-Konzern aus der Schweiz, wo sein Einsatz verboten ist.

Die Ausweitung landwirtschaftlicher Nutzflächen in Brasilien ist mittlerweile ins Stocken geraten. Inzwischen wird die Agrarproduktion vor allem durch eine Intensivierung der Bodennutzung gesteigert. Dafür gibt es mehrere Gründe. Die Grundstückspreise in Mato Grosso steigen rasch und ein Hektar kostet mittlerweile rund 22.000 Euro – genauso viel wie gutes Ackerland in Deutschland. Auch der Schutz von Forstgebieten funktioniert allmählich besser und Anbaubeschränkungen führen ebenfalls zu einer Verknappung an Agrarflächen.

»Die Pflicht, 80 Prozent der ursprünglichen Gebiete als Schutzgebiet unangetastet zu lassen, macht den restlichen Boden sehr viel teurer und führt zu einer stärkeren Intensivierung«, erklärt Leone von São Marcelo.

Der Ertrag wird vor allem dadurch gesteigert, zwei Ernten statt einer pro Jahr einzufahren. Auf eine Sojaernte zwischen Januar und März folgt eine Baumwoll- oder Maisernte, die eingebracht werden können, bevor das Soja des nächsten Jahres wieder ausgesät wird. Um das zu ermöglichen, hat der Einsatz von Paraquat zugenommen, weil das Spritzen mit dem Herbizid den Boden am wirkungsvollsten und zügigsten für eine neue Saat bereinigt. Die durchschnittliche Sojaernte in Brasilien beläuft sich auf etwa drei Tonnen pro Hektar, aber man geht davon aus, diese Menge verdoppeln zu können. Durch integrierte Agrarsysteme kann der

Ertrag der Kulturen und der Rinderzucht gesteigert werden. Die Endmast der Rinder mit Mais und Soja in Feedlots greift auch hier rasch um sich.

Die Expansion der Landwirtschaft in Brasilien verläuft im Großen und Ganzen nach demselben Muster wie in anderen Ländern, unter anderem in den USA und in Teilen Europas.

»Der Markt ist der wichtigste Faktor, er entscheidet über die Ausrichtung der Landwirtschaft.«

Wenn die Bevölkerung wächst und es in der Bevölkerung einen hohen Anteil junger Erwachsener gibt, nimmt die Zahl der Agrarflächen zu. Verlangsamt sich der Bevölkerungsanstieg bei steigenden Lohnkosten und wechselnden Marktpreisen, wird die Produktion intensiviert und zuvor bewirtschaftete Flächen werden aufgegeben. In Schweden wurde bis in die 1950er Jahre die Bewirtschaftung neuer Flächen mit umfassenden staatlichen Subventionen gefördert, aber danach sank die Zahl der Agrarflächen schnell und derselbe Staat, der Bauern für die Entwässerung von Feuchtgebieten bezahlt hat, entlohnt sie nun dafür, einen Teil der Natur wiederherzustellen. Diese Entwicklung lässt sich für Brasilien bereits erahnen.

Wer kein Land besitzt, erhält vom brasilianischen Staat kostenlos 50 Hektar ungenutztes Land, sofern er sich dazu verpflichtet, es fünf Jahre lang zu bewirtschaften. Die einfachste Form, neues Land zu erschließen, ist die Rodung des Waldes und die anschließende Beweidung mit Rindern. Ein einzigartiger Wald von unersetzbarem Wert wird für die Fleischerzeugung gerodet, die den Bauern noch nicht einmal einen besonders guten Verdienst beschert. Der ideelle Wert und die Ökosystemleistungen, welche die Wälder im Amazonasgebiet, Brasilien und der Welt in Form von

Biodiversität, Klimaregulierung, Bodenneubildung, Wasseraufbereitung und anderem schenken, haben für die Landeigentümer keine Bedeutung und daher auch keinen Einfluss auf die Art und Weise ihrer Landbewirtschaftung. Wirtschaftswissenschaftler bezeichnen dies gerne als Marktversagen, für andere ist es hingegen einfach nur Raubbau.

Ist der Wald erst einmal abgeholzt und zum Agrarland geworden, gibt es wenig Anreiz für die Bauern, dieses Stück Natur, umweltfreundlich und nachhaltig zu bestellen. Die vier Wissenschaftler, mit denen wir bei *Embrapa* sprechen, sind sich einig, dass die Landschaftspflege ein integrierter Bestandteil der Landwirtschaft werden muss, fragen sich jedoch, wer die Bauern dafür bezahlen wird. Es gibt keinen Zweifel darüber, was heute den Gang der Dinge lenkt.

»Der Markt ist der wichtigste Faktor, der über die Ausrichtung der Landwirtschaft entscheidet«, sagt João Silva.

Kapitel IV

Die Wahl zwischen Mais und Armut

Fünf Säcke Mais, eine Flasche Speiseöl, frisch gepflückte Kürbisblätter und eine kleine Tüte Salz, die gerade vom Nachbarn gekauft wurde – das ist Susan Mkandawires Lebensmittelvorrat. Jeden Tag, mittags und abends, das ganze Jahr über, isst die Familie das immer gleiche Gericht: Maisgrütze.

Mais auf vielerlei Art

Wir kommen früh, trotzdem treffen wir Susan und ihren Ehemann Fred schon nicht mehr zu Hause in ihrer Hütte in Kasisi an, ein paar Kilometer von Lusaka, der Hauptstadt Sambias, entfernt. Sie sind schon längst bei ihrer schweren Arbeit auf dem Feld und hacken die Erde auf. Auf dem kleinen Stück Land steht nach der Regenzeit, die gerade erst vorüber ist, noch immer das Wasser. In der kommenden Trockenzeit können sie hier Gemüse anbauen, das sie auf dem Markt in Lusaka an eine Händlerin verkaufen.

Als wir nach zwölf Uhr mittags wiederkommen, ist Fred ins Dorfzentrum gegangen. Dort gibt es einige wenige Läden, einen großen Baum und eine Bar, in der die Männer Bier trinken und Neuigkeiten austauschen, und vielleicht hört man hier auch zufällig von einem Gelegenheitsjob. Susan entfernt unterdessen auf der Farm die faserigen Stiele der frischen grünen Kürbisblätter. Ein paar gesprenkelte Hühner und ein Hahn picken die Reste der morgendlichen Grütze aus dem Topf der Familie. Das ist das einzige Futter, das die Hühner bekommen.

Susan ist 34 Jahre alt und aus dem Süden Sambias nach Kasisi gezogen, Fred ist 38 und stammt aus dem Dorf, in dem die meisten miteinander verwandt zu sein scheinen. Sie haben fünf Kinder zwischen zwei und 14, trotzdem trägt Susan auf ihrem Rücken ein

Kleinkind, das kaum ein Jahr alt sein kann, vermutlich ist es das einer Verwandten. Es ist nicht klar, zu wem das Dutzend Kinder gehört, die uns mit großen Augen ansehen. Aber das ist in einem Land, in dem die Kinder deiner Geschwister auch deine eigenen sind, nicht ungewöhnlich.

Während wir fragen und fotografieren, entfacht Susan ein Feuer in der kleinen Küche, einem runden Bau aus Ziegeln mit einem Durchmesser von zweieinhalb Metern. Darin befindet sich eine einfache Feuerstelle – drei Steine, zwischen denen Holzscheite liegen –, auf die sie einen rußgeschwärzten Topf stellt. Einen Schornstein gibt es in der Hütte nicht, weshalb sich der Ruß auch an den Wänden niedergeschlagen hat. Hinter ihr sitzen drei Hühner und brüten in einfachen Verschlägen. Als das Wasser zu kochen beginnt, rührt Susan einen kalten Maismehl-Brei in den Topf, gibt die Kürbisblätter hinzu und rundet die Mischung mit etwas Speiseöl und einer Prise Salz ab. Die Familie isst mehr oder weniger jeden Tag dasselbe, mittags wie abends – *Nsima* – die feste Maisgrütze, welche die meisten Bewohner des Landes ernährt. Zum Frühstück gibt es ebenfalls Mais, dann in Form von Maisbrei.

»Alle vierzehn Tage nehme ich eine Ration Mais, die für zwei Wochen reicht, und lasse sie bei einer Mühle im Ort mahlen«, sagt Susan.

Speiseöl und Salz kaufen sie dazu und, wenn sie es sich leisten können, auch ein wenig Zucker und Tee. Ab und zu essen sie Süßkartoffeln und Bohnen oder angeln Fische aus dem naheliegenden Fluss.

Susan kocht unterdessen die Mahlzeit, während wir uns auf dem kleinen Maisfeld umschauen, das knapp einen halben Hektar groß ist. Der Mais ist braun und welk – also bald reif für die Ernte. Das schön blühende, aber verhasste Unkraut hat die spärlichen

Maispflanzen fast verdrängt. Die Ernte wird sich trotz des Einsatzes von Kunstdünger wohl auf knapp zwei Tonnen pro Hektar belaufen, das ist etwas weniger als der Durchschnitt in Sambia. Susan und Fred bauen ihren Mais nur mit Muskelkraft an, abgesehen davon, dass sie zum Pflügen ein Ochsengespann mieten. Auf dem kleinen Stückchen Land haben sie seit 14 Jahren nichts anderes als Mais angebaut.

»Das letzte Jahr war gut, da haben wir 20 Säcke Mais (ungefährt eine Tonne) geerntet«, erklärt Susan.

Von der Ernte des letzten Jahres haben sie noch fünf Säcke übrig, die sie vielleicht verkaufen werden, wenn die neue Ernte begonnen hat. In dem Fall könnte sie 40 Euro verdienen, was ein kleines Zubrot für die Familienkasse darstellen würde.

»Der Familienbetrieb arbeitet mit Verlust«, erzählt uns Daniel Kalala, Forschungskoordinator am *Kasisi Agricultural Training Center* (KATC), der die Maiskulturen der Familie in drei aufeinanderfolgenden Jahren untersucht hat.

»Sie bekommen noch nicht einmal 1,50 die Stunde für ihre Arbeit, also nur die Hälfte des Mindesteinkommens in Sambia. Und darin sind noch nicht die Kosten für den Unterhalt des Flurstücks, die Lagerung oder die einfachen Werkzeuge enthalten, die sie benutzen.«

Ab und zu schlachten sie eines der fünfzehn Hühner, die umherlaufen, aber meistens müssen sie das Federvieh zu Geld machen. Der Gemüseverkauf ist für Susan und Fred eine wichtige Einnahmequelle und Fred hat noch einen Nebenjob als Wachmann. Wenn es gut läuft, haben sie bis zu sechs Euro pro Woche zur Verfügung, manchmal sind es aber auch weniger als zwei. Fred besitzt ein Handy und lädt seine Prepaid-Karte mit umgerechnet 20 bis 30 Cent im Monat auf. Die Familie Mkandawire hungert nicht, sie haben noch fünf Säcke Mais übrig und bald steht die neue Ernte an, aber ihr finanzieller Spielraum ist klein.

»Wenn jemand krank wird, was dann?«

»Ich danke Gott dafür, dass niemand von uns bislang ins Krankenhaus in Lusaka musste«, sagt Susan.

Für Susan und ihren Mann ist es außerordentlich wichtig, genügend Geld einzunehmen, um das Schulgeld für die Kinder bezahlen zu können.

»Sie sollen die Schule besuchen, die Älteste beginnt gerade die Oberstufe«, erklärt Susan stolz und fügt hinzu: »Ich möchte nicht, dass meine Kinder Bauern werden.«

Kostenrechnung der Maiskultur von Familie Mkandawire (2008 – 2011)

	Euro
Einnahmen	
18 Säcke Mais (900 kg)	170
Ausgaben	
Saatgut	15
Kunstdünger	87
Säcke	4
Bodenbearbeitung	27
Summe	133
Gewinn	37

37 Euro pro Jahr bleiben für die Mkandawires übrig, wenn alle Kosten bezahlt sind – ein karger Lohn für 230 Arbeitsstunden. Quelle: Kasisi Agricultural Training Center

Es ist schwer vorstellbar, wie Susan und Fred sich trotz der vielen schweren Arbeit jemals aus der Armutsfalle befreien sollen. Mit den Einkünften aus der Landwirtschaft wird es ihnen nicht gelingen. Der Wille, für ein paar Cent am Tag zu arbeiten – oder vielmehr der Mangel an Alternativen – lässt sie wie viele hundert Millionen Bauernhaushalte weltweit weitermachen. Diese Art der Landwirtschaft ernährt einen Großteil der Weltbevölkerung.

Während die Familie Mkandawire in einer kleinen Hütte mit einem einzigen fensterlosen Raum wohnt – eine Unterkunft, die für uns von größter Armut spricht – besitzen Katherine und Godfrey Boma im Chongwe-Bezirk ein Steinhaus mit Fenstern, einen Hühnerstall, einen Stall, einen Geräteschuppen und ein Gartenhaus. Das Ehepaar Boma hat zu bedeutend mehr Ressourcen Zugang als die Familie Mkandawire – Ressourcen, die ihnen ganz andere Möglichkeiten bieten.

Katherine ist schüchtern und hält sich im Hintergrund, wir hören nur Godfreys Geschichte. Er redet viel, selbstsicher und gerne. Seit 14 Jahren betreiben sie Landwirtschaft. In seiner Jugend war Godfrey Bergmann, danach gründete er ein kleines Geschäft in Lusaka. Das Paar hat zehn Kinder, die alle in Lusaka leben. Einer der Söhne betreibt eine eigene Kultur in kleinerem Umfang auf dem Land der Eltern, doch es ist unwahrscheinlich, dass er später die Farm von seinen Eltern übernehmen wird. Katherine und Godfrey, ein Landarbeiter und ein paar Saisonarbeiter arbeiten hier. Der Boden wird mit ihren eigenen Ochsen umgepflügt.

»Mit Mischkultur steigt der Maisertrag auf das Dreifache des Landesdurchschnitts.«

Das Paar besitzt neun Hektar Land und bewirtschaftet in diesem Jahr vier Hektar, darunter einen Hektar ökologisch und drei Hektar konventionell, das heißt mit Kunstdünger und kleinen Pestizidgaben. Vier Kühe und 18 Milchziegen weiden auf dem restlichen Land sowie nach der Ernte auf den Maisfeldern. Der konventionelle Teil besteht wie so oft in Sambia aus Mais, Mais und noch mal Mais, der jahraus, jahrein auf der gleichen Fläche angebaut wird.

In Zusammenarbeit mit KATC haben Katherine und Godfrey mit dem ökologischen Landbau begonnen. Auf dem ökologischen Teil der Farm wird Vielfalt kultiviert: Sonnenblumen, Erdnüsse, Mais, Kürbisse, rote Bohnen und Sojabohnen. Sie bauen ebenfalls Gründüngerpflanzen an, also Pflanzen, deren Zweck es ist, den Boden zu verbessern, Stickstoff zu binden, schwer zugänglichen Phosphor aus tieferen Bodenschichten heraufzuholen oder die Erde aufzulockern. Bis auf die Sojabohnen gedeiht hier alles prächtig, obwohl Katherine und Godfrey kein Bewässerungssystem haben.

Godfrey erntet bis zu fünf Tonnen Mais pro Hektar, fast dreimal soviel wie die Familie Mkandawire, und sagt, dass er mit ökologischem Landbau noch mehr Ertrag erzielen könnte.

»Das ist ein totes Rennen zwischen ökologischem und konventionellem Landbau«, so Godfrey. Ökologisch ist gut, und ich erziele dadurch eine höhere Ernte. Ich habe keine Probleme mit Schädlingen und niedrigere Kosten – aber es macht mehr Arbeit.«

Das gut gepflegte Fahrrad ist Godfreys wichtigstes Transportmittel. Wenn sie größere Dinge kaufen und verkaufen wollen, müssen sie Platz auf einem Lkw mieten, dann hilft manchmal eines der Kinder mit.

»Das Radfahren fällt mir langsam schwer«, sagt er.

Als wir uns in seinem Gartenhaus ein wenig ausruhen, fragen wir ihn, wie alt er ist, und sind verblüfft, als er sagt, 81 – und das in einem Land, in dem die durchschnittliche Lebenserwartung bei 49 Jahren liegt.

Dass es durchaus möglich ist, einen rein ökologischen Landbau von Hand mithilfe kleiner externer Ressourcen zu betreiben und gleichzeitig höhere Erträge zu erzielen, zeigt Sebastian Scott auf seiner Farm in Kafue. Seine Maisfelder sind wie ein Flickenteppich von Mucuna- und Helmbohnen durchsetzt, die angebaut werden,

um auf natürliche Weise Stickstoff zu binden und Unkraut fernzuhalten. An einigen Stellen haben diese üppigen Hülsenfrüchte
den Mais überwuchert, sodass er fast nicht mehr zu sehen ist, aber
Sebastian sagt, das sei für das Ernteergebnis unerheblich.

Die Hühner auf Sebastian Scotts Farm
düngen die Bananen und mindern so
Unkraut und Schädlingsbefall.

»Durch diese Methoden ernten
wir sieben Tonnen Mais pro Hektar,
mehr als dreimal soviel wie durchschnittlich in Sambia. In den er-
folgreichsten Modellversuchen liegt
der Ertrag bei acht Tonnen«, erklärt
Sebastian.

Nach der Maisernte können die
Bohnen weiterwachsen und Stickstoff für das nächste Jahr binden, bis
die neue Maissaat ausgebracht wird.
Sebastian greift für die Direktsaat
von Mais zu einem simplen Hilfsmittel, einem Eisenrohr, das in die
Erde gestoßen wird und ein passend
großes Pflanzloch sticht. Auf diese
Weise können er und seine Helfer pro
Tag einen Hektar Mais säen, wenn sie
sich abwechseln. Die Saat rasch aus-
zubringen ist wichtig, damit der Mais
die Vegetationsperiode so weit wie möglich ausnutzen kann. Zudem spart man Kosten und die Zeit, die es brauchen würde, das
Feld mit Ochsen umzupflügen.

Die Farm *Old Orchard* hat eine Größe von drei Hektar und
funktioniert teils als normale Farm, teils als Versuchs- und De-
monstrationskultur. Ökologische Landwirtschaft, eine möglichst

einfach gehaltene Technik, die Wechselbeziehungen zwischen Tieren und Pflanzen, Diversität und eine eingeschränkte Bodenbearbeitung sind wichtige Strategien. Die Farm basiert auf fünf verschiedenen Systemen: dem Halten von Schweinen in Wald- und Buschland, der Freilandhaltung von Hühnern in Bananenplantagen, der ökologischen Erzeugung von Gemüse, dem Anbau von Tierfutter und der Entwicklung neuer Maisanbaumethoden.

»Die Farm ist zu einem Versuchsbetrieb für kleinflächige Anbausysteme geworden, welche die Kosten verringern, die Rentabilität steigern und auf der Farm natürliche Ressourcen wiederherstellen. Wir versuchen, so viel wie möglich von der Natur zu lernen und Agrarsysteme zu entwickeln, in denen die verschiedenen Elemente ineinandergreifen und sich ergänzen«, erklärt Sebastian.

Der junge Farmer überschüttet uns mit Zahlenmaterial über die Wirtschaftlichkeit verschiedener Maiskulturen. Ihm zufolge belaufen sich die Kosten für die ökologische Bewirtschaftung eines Hektars auf etwa 170 Euro, den Einnahmen in Höhe von 800 bis 1.000 Euro gegenüberstehen. Durch Kunstdüngereinsatz und Mechanisierung steigen die Produktionskosten um das Fünf- bis Sechsfache und selbst wenn der Ernteertrag so bis zu zehn Tonnen pro Hektar betragen kann, ist der Gewinn pro Hektar nicht einmal halb so hoch wie beim Biolandbau.

»Armut ist eher eine Ursache für geringe Ernteerträge, denn eine Folge davon.«

Unsere Besuche der drei Farmen haben gezeigt, dass der Ernteertrag durch ökologische Landwirtschaft gesteigert werden kann, beispielsweise durch einen besseren Nährstoffhaushalt, Unkrautbekämpfung und Fruchtfolgen. Eine andere, ebenso wichtige Erkenntnis ist, dass es mit einem gezielten Einsatz von Ressourcen relativ einfach ist, den Ertrag zu steigern. Es sind nicht in erster Linie das Wetter und schlechte Böden, die für eine geringe Ernte verantwortlich sind. Ertragssteigernd können viele Ressourcen sein, etwa eine gesteigerte Nutzfläche, Mehrarbeit, externe Energie, Wissen, Bewässerung, eine gute Fruchtfolge, Kompost oder Kunstdünger.

Armut ist eher eine Ursache für geringe Ernteerträge, denn eine Folge davon.

Bio gedeiht

»Die meisten Bauern, deren Böden von Erosion und Austrocknung betroffen sind, können sich keine Hilfsmittel leisten. Für sie ist ein ökologisches Produktionssystem der bessere Weg, um der Armut zu entfliehen und Ernährungssicherheit zu gewährleisten.«

Dieses Zitat stammt von Sue Edwards vom *Institute of Sustainable Development* (ISD) in Äthiopien. Zusammen mit AGRA, der *Alliance for a Green Revolution* in Africa, wurde dem ISD 2012 für die Arbeit, die sie in der Tigrayregion in Äthiopien geleistet hat, der Göteborger Umweltpreis verliehen. Die Organisation wurde in den 1990er Jahren von Sue Edwards und ihrem Mann Tewolde Berhan Gebre Egziabher gegründet, der heute Leiter der äthiopischen Naturschutzbehörde ist.

Kompostierung, verschiedene Maßnahmen gegen Erosion, das Sammeln von Regenwasser und die Aufforstung von Nutzbäumen auf den Feldern sind wichtige Projekte, die das Ehepaar 1996 anstieß. Angefangen haben sie in vier Dörfern und die Ergebnisse waren so positiv, dass die Methoden nun in Hunderten Anwendung finden. Die Veränderungen beschränken sich nicht allein auf technische Aspekte. Das Projekt unterstützt und stärkt die Frauen, indem man sie beispielsweise in

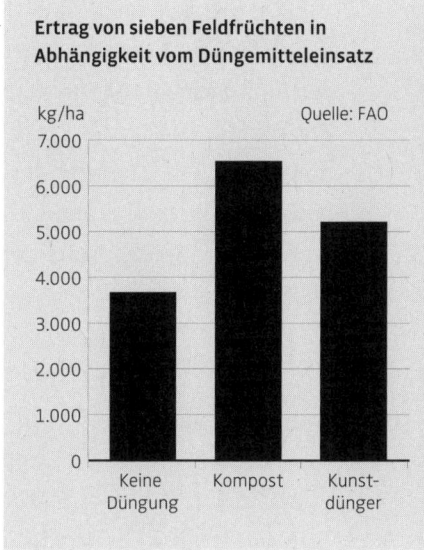

der Lebensmittelverarbeitung unterrichtet. Das Projekt fordert so auch die traditionellen Geschlechterrollen heraus, in denen sich die Frauen in einer Abhängigkeitstellung befinden. Entscheidend für den Erfolg des Projekts ist, dass es von den Bauern selbst geleitet wird und sie ein System entwickelt haben, um die gemeinsamen Ressourcen wie Weideflächen und Wald, die sie in den Dörfern vorfinden, zu erhalten. Der Einsatz von Kompost hat positive Auswirkungen auf den Boden, er mindert die Erosion und verbessert die Fähigkeit des Bodens, Wasser zu speichern. Darüber hinaus trägt er dazu bei, Kohlenstoff im Boden zu binden und auf diese Weise den Treibhauseffekt zu verringern. Obwohl das ISD für den Einsatz von Kompost plädiert, dürfen die Bauern auch

Kunstdünger verwenden. Das hat den Vorteil, dass die Ergebnisse vergleichbar werden und sie so mit eigenen Augen sehen, dass der Einsatz von Kompost einen weitaus höheren Ertrag bringt.

Das Tigrayprojekt hat auch andere Verbesserungen mit sich gebracht. Die Kulturen weisen eine größere Vielfalt als früher auf, weshalb sie widerstandsfähiger gegen Trockenheit oder Schädlingsbefall sind und auch für die Familie eine bessere Ernährung darstellen. Die Stellung der Frauen wurde gestärkt und dies hat sowohl in puncto Anbau als auch aus Sicht der Betriebsstruktur zu einer größeren Breite geführt. Die Wirtschaftsleistung ist angestiegen, der Wohlstand gewachsen.

Europäer, die vom 16. Jahrhundert an durch Äthiopien reisten, beschrieben es als ein Land mit einer wohlhabenden Bevölkerung und einer fruchtbaren Landschaft, das besser dastehe als Europa, wo immer wieder Hungersnöte und Mangel auftraten. Der französische Apotheker Poncet, der das Land Anfang des 18. Jahrhunderts bereiste, hält fest: »Kein anderes Land ist fruchtbarer als Äthiopien.« Heute gehört Äthiopien zu den Ländern, die immer wieder von Hungersnöten heimgesucht werden; die schlimmste traf das Land 1984. Manche Teile der Bevölkerung sind bis heute von der Nahrungsmittelhilfe des UN *World Food Programme* oder der landeseigenen Regierung abhängig. 2012 waren 4,5 Millionen Menschen auf internationale Nahrungsmittelhilfe angewiesen.

Im weiteren Verlauf des Buches setzen wir uns noch mit den verschiedenen Ursachen des Hungers auseinander, im Fall Äthiopiens aber darf man die politische Lage nicht außer Acht lassen. Äthiopien war bis zur Revolution 1974, als der letzte Kaiser Haile

Selassie gestürzt wurde, eine absolute Monarchie. Danach wurde das Land bis 1991 von einem Diktator regiert. Noch immer ist die Regierung Äthiopiens ein autoritäres Regime, die Meinungsfreiheit wird missachtet, es gibt nur wenige privatwirtschaftliche Initiativen und diese werden häufig vom Staat unterdrückt, das Straßennetz und die übrige Infrastruktur sind schlecht ausgebaut, alles Land ist in Staatsbesitz – dies sind alles Faktoren, die zu einer prekären Nahrungsmittelversorgung beitragen.

Warum, so wird häufig gefragt, sollten wir Tiere essen, wenn wir direkt auf die pflanzlichen Erzeugnisse vor Ort zurückgreifen und dadurch mehr Menschen ernähren können? Dabei vergessen wir leicht, dass in vielen Teilen der Welt die Fleischproduktion, von den Ressourcen aus betrachtet, die bessere Alternative zum Ackerbau ist. Etwa zwei Drittel der weltweiten landwirtschaftlichen Nutzfläche werden als Weideland genutzt, wofür es gute Gründe gibt. Viele Gebiete eignen sich einfach nicht für den Pflanzenanbau, sind zu steil, zu trocken, zu feucht oder zu kalt oder die Böden sind zu geringmächtig oder unfruchtbar. Was fast überall wächst, ist Gras.

Ein Beispiel für ein solches Land mit limitierten Naturressourcen ist Namibia im Südwesten Afrikas – ein Land, das mehr als doppelt so groß ist wie Deutschland, in dem aber nur 2,1 Millionen Menschen leben. Namibia ist in weiten Teilen zu trocken, als dass dort Landbau betrieben werden könnte; ein Viertel des Landes bedecken die Wüsten Kalahari und Namib. Man entsalzt das Meerwasser, aber das so gewonnene kostbare Wasser wird für den Uranabbau verwendet und nicht für die Landwirtschaft. Aus diesem Grund besitzt Namibia weniger als eine Million Hektar

Ackerland, aber 38 Millionen Hektar Weideland für 2,4 Millionen Rinder, 2,7 Millionen Schafe und gut zwei Millionen Ziegen. In weiten Teilen Namibias fallen pro Jahr nur wenige hundert Millimeter Regen (in München sind es beispielsweise knapp 1.000), genug, um Gras wachsen zu lassen, aber nicht ausreichend für den Anbau von Feldfrüchten. Die Tiere benötigen ebenfalls Wasser zum Trinken, weshalb man Brunnen bohrt. Dieses Wasser könnte zur Bewässerung der Kulturen eingesetzt werden, doch produziert man sehr viel mehr Nahrung, wenn man es als Trinkwasser für die Tiere statt für eine künstliche Bewässerung verwendet. Mit der Wassermenge, die für die Produktion von 20 Tonnen Fleisch benötigt wird, lassen sich nur ein paar Tonnen Mais erzeugen. So stellt sich die Lage in den meisten von Trockenheit und Dürre betroffenen Regionen dar – und das ist auch der Grund dafür, dass in diesen Ländern die Viehwirtschaft die bedeutendste Form der Landwirtschaft ausmacht.

>>Aus gutem Grund werden etwa zwei Drittel der weltweiten landwirtschaftlichen Nutzfläche als Weideland genutzt.<<

In weiten Teilen Namibias geht es daher nicht darum, sich zwischen Fleischerzeugung und Landbau zu entscheiden, sondern vielmehr um die Frage, ob man auf dem Grasland Kühe, Ziegen und Schafe oder Antilopen und Zebras halten soll. Die ostafrikanische Savanne soll von der fünffachen Menge an Wildtieren (bezogen auf das Lebendgewicht der Tiere) bevölkert sein, als sie Rinder ernähren könnte. Die Strategie der Massai, mit ihren Kühen und den Wildtieren zusammenzuleben, ist verglichen mit der Ausrottung wilder Tiere zugunsten einer größeren Anzahl Rinder, sicherlich eine gute ökologische Anpassungsform gewesen.

Obwohl die natürliche Beweidung grundsätzlich eine gute Adaption an die Umwelt und die ökologischen Voraussetzungen darstellt, kann sie dennoch gut oder schlecht gestaltet werden. Dass Weideflächen von über 26 Millionen Hektar durch Verbuschung unbrauchbar geworden sind, ist neben Dürre und Erosion das größte Problem für die Rinderzucht in Namibia. Die Büsche werden mit Pestiziden bekämpft, kommen aber schnell wieder. Diese Probleme seien auf eine unangepasste Form der Rinderzucht zurückzuführen, sagt Wiebke Volkmann von der Organisation *Integrated Rural Development and Nature Conservation*, die mit Rinderzüchtern in Kunene im Norden von Namibia gearbeitet hat.

»Man kann die Zahl der Tiere erhöhen und gleichzeitig die Schäden verringern, die angeblich durch Überweidung verursacht werden. Wenn man die Weideflächen richtig bewirtschaftet, gibt es keinen Grund, Pestizide einzusetzen«, erklärt sie.

Die Tiere sollen in großen Herden gehalten werden, die ausgedehnte Gebiete beweiden. In Namibia gibt es viele Raubtiere wie Leoparden, Hyänen und Geparden, die dafür sorgen, dass die Herden zusammenbleiben. Die Rinder werden sich dann in etwa wie die Gnuherden in der Savanne oder die Bisonherden in der Prärie bewegen – kleine Flächen nacheinander intensiv beweiden, aber selten an dieselbe Stelle zurückkehren. Durch die intensive Beweidung bricht die Ackerkrume auf und das Wasser kann in den Boden sickern, statt die dünne Humusschicht wegzuschwemmen. Das zwingt die Tiere dazu, verschiedene Sorten Gras zu fressen und bewirkt, dass sie Büsche und kleine Bäume niedertrampeln und so das Graswachstum begünstigen.

»Wir benutzen unsere Kühe dazu, unseren Boden zu heilen«, sagt Okatukirue Mutunda, einer der vielen stolzen Rinderzüchter in Kunene.

Früher streiften alle Kühe willkürlich auf der Allmende herum und fügten den Feldfrüchten oft Schaden zu. Da die Tiere nicht beaufsichtigt wurden, sah auch niemand, ob eine Kuh Probleme beim Kalben hatte oder von einem Raubtier angegriffen wurde. Inzwischen werden die Herden nach einem bestimmten Schema von vier bis fünf Viehhierten überwacht, um »Gräser zu züchten«, was der Schlüssel zu einer erfolgreichen Rinderbewirtschaftung ist.

Bionahrung ist manchmal als Luxusartikel für die Besserverdienenden im Westen verschrien. David Bumutonda, einem ökologisch wirtschaftenden Kleinbauern aus Uganda, bedeutet die Nachfrage nach Bioprodukten viel mehr. Er konnte seinen Kindern den Schulbesuch ermöglichen und ein richtiges Haus für die Familie bauen.

Eine ausgedehnte Reise auf kaum befahrbaren Straßen im westlichen Uganda bringt uns in das Dorf Katturo, wo wir David und Jennifer Bumutonda treffen werden; sie setzen auf biologischen Anbau von Ananas. Auf den Straßen kommen uns permanent Bauern oder deren Kinder entgegen, die schwer an ihrer jeweiligen Last – Bananenstauden, Ananas oder anderen Feldfrüchten – tragen. Manchmal haben sie auch ihre Fahrräder bis zum Äußersten beladen. So hat es vor gut zehn Jahren auch David Bumutonda gemacht.

»Früher habe ich meine Früchte auf dem Markt verkauft. Ich musste weit, knapp zwölf Kilometer, mit dem Fahrrad fahren und manchmal musste ich den ganzen Tag auf dem Markt verbringen. Ich wusste nie im Voraus, welchen Preis ich für meine Früchte erzielen würde, was immer ein Risiko war. Aber jetzt habe ich

Zukunftspläne, ich möchte mehr Land erwerben und so viel Ananas wie zehn Bauern anbauen«, sagt er.

Inzwischen muss er den weiten Transportweg nicht mehr auf sich nehmen und ist nicht länger dem Wohlwollen der Einkäufer auf dem Markt ausgeliefert. Heute verkauft er seine Ananas und seine Bananen an den Obst- und Gemüsegroßhändler Amfri Farms. Das Unternehmen holt seine Früchte regelmäßig ab, und der Preis, den er dafür bekommt, ist vertraglich festgeschrieben.

Jennifer und David Bumutonda sind in vielerlei Hinsicht typische ugandische Bauern. Sie haben fünf Kinder, ein sechstes ist unterwegs, und sie besitzen nur einen Hektar Land, auf dem sie teils Nahrung für den Eigenbedarf, teils Feldfrüchte für den Verkauf anbauen. Meistens ist dies eine Gleichung, die nicht aufgeht und in einem menschenunwürdigen Leben resultiert, doch dank des höheren Preises für Bioprodukte ist es ihnen gelungen, die Armut Schritt für Schritt hinter sich zu lassen.

Als David Bumutonda begann, Ananas nach ökologischen Kriterien anzubauen, erhielt er eine fundierte Beratung und konnte so seine Erträge steigern.

»Wir können es uns jetzt leisten, unsere Kinder zur Schule zu schicken«, sagt David.

Die Ananas der Familie werden exportiert, so wie der Großteil der biologischen Erzeugnisse Ugandas. Uganda ist das afrikanische Land, das am schnellsten auf die Nachfrage der wohlhabenden Industrieländer nach Bioprodukten reagiert hat. Hier befindet sich die größte zertifizierte Produktion, die gut zwei Prozent der landwirtschaftlichen Fläche umfasst, und von hier stammt auch das größte Exportvolumen. Maßgeblich ermöglicht wurde der Aufstieg des Biolandbaus durch das Projekt *Epopa* (Export Promotion of Organic Products from Africa). Es schloss 140.000 Bauern aus Uganda und Tansania ein, die – als das Projekt 2008 nach elf Jahren Laufzeit endete – gemeinsam für über 22 Millionen Euro jährlich ihre Waren exportierten.

»Die Versorgung mit Nahrungsmitteln hat sich bei den Bio-Ananasbauern verbessert.«

Die meisten ugandischen Bauern betreiben eine Landwirtschaft ohne Einsatz von Pestiziden und Kunstdünger, weil sie sich diese Hilfsmittel einfach nicht leisten können. Auch im Land selbst ist man an Bioprodukten interessiert und der Begriff »Bio« wird immer häufiger bei der Vermarktung benutzt. Die fünf ostafrikanischen Länder Uganda, Kenia, Tansania, Ruanda und Burundi haben 2007 gemeinsame Standards für die ökologische Landwirtschaft verabschiedet, die zweite regionale Kennzeichnungsrichtlinie der Welt nach der Europäischen Ökoverordnung der EU, und die Teilnehmer haben eine gemeinsame ökologische Dachmarke etabliert.

»Wir ermutigen die Bauern, sich zu organisieren, um ihre Erzeugnisse auf dem heimischen Markt zu verkaufen«, sagt Namuwoza Charity, Marketingleiter bei *Nogamu*, der Dachorganisation der ugandischen Biobauern.

Den Menschen in Uganda steht gewiss kein Überfluss an Nahrungsmitteln zur Verfügung, vor allem denjenigen, die wegen Unruhen im Norden des Landes aus ihrer Heimat vertrieben wurden. Das Risiko, dass der Export von Nahrungsmitteln die Lebensmittelversorgung im Land bedrohen kann, besteht, aber eine Evaluation der Konferenz der Vereinten Nationen für Handel und Entwicklung UNCTAD kam zu dem Ergebnis, dass sich die Lebensmittelversorgung bei den Bio-Ananasbauern in Uganda verbessert hat. Der Ananasanbau hat die Erzeugung von Nahrungsmitteln für die Familien nicht beeinträchtigt und ihre wesentlich gestiegenen Einkünfte haben dazu beigetragen, dass die Familien sowohl mehr als auch qualitativ bessere Nahrung kaufen konnten. Die Modifizierung der Anbausysteme, etwa eine bessere Fruchtfolge und Kompostierung, begünstigte auch die übrige Nahrungsmittelproduktion.

Die Schwäche des Ananasanbaus in Uganda für den Export liegt im eigenen Land und zwar darin, dass der Transport auf Straße und Seeweg für empfindliche Erzeugnisse nicht geeignet ist und die Ananas per Luftfracht zu den Kunden nach Europa kommt. Diese Kosten übersteigen mehrfach die Einkünfte, die der Bauer für seine Ananas erhält, und die negativen Auswirkungen des Luftfrachtverkehrs auf die Umwelt sind offensichtlich.

Denkbare Wege und Einbahnstraßen für Afrika

Unser Afrikabild ist oft einseitig und oberflächlich. Häufig hören wir von einem Kontinent, auf dem alle hungern, auf dem ständig Krieg oder Dürre oder beides gleichzeitig herrscht, auf dem korrupte Führer durch brutale Generäle ersetzt werden und Demokratie und Meinungsfreiheit die gelegentliche Ausnahme sind. Vielleicht ist gerade das eines der Probleme – dass wir von Afrika sprechen, als ob dies ein einheitlicher Begriff sei und als ob die Chancen und Probleme des Kontinents überall dieselben wären. Afrika besteht aus 56 Staaten. Es ist naiv zu glauben, dass man Dinge, die in Simbabwe gut funktionieren, einfach auf ein Land wie Ghana übertragen kann – das wäre in etwa so, als ob man sich in Nordeuropa an der Landwirtschaft Armeniens orientieren würde.

Dass die afrikanische Bevölkerung hungert, ist nicht das Ergebnis eines Fluchs der Natur. Gewiss herrscht in Teilen Afrikas ein unstetes Klima mit unberechenbarem Niederschlag und viele Böden sind nährstoffarm und anfällig für Erosion, aber zugleich existieren dort auch ungenutzte Boden- und Wasserressourcen. Afrika besitzt weniger als 250 Millionen Hektar landwirtschaftlicher Nutzfläche, doch mindestens dreimal so viel Land könnte bewirtschaftet werden. Südlich der Sahara werden nur vier Prozent der Felder bewässert, obwohl große ungenutzte Wasservorkommen existieren. Große Teile der landwirtschaftlich genutzten Flächen werden ineffizient bewirtschaftet. In vielen Teilen Afrikas wird immer noch Brandrodung betrieben, ein Hinweis darauf, dass es an Fläche nicht mangelt.

Afrika ist von ein paar wenigen Ausnahmen (etwa dem Niltal oder Gebieten rund um den Viktoriasee) abgesehen relativ dünn besiedelt. Der Kontinent ist dreimal so groß wie Europa, es leben dort aber nur rund eine Milliarde Menschen (in Europa sind es 740 Millionen). In Tansania, Mosambik und Sambia gibt es große Gebiete, die fast menschenleer sind. Die UN schätzt, dass man in Mosambik 36 Millionen Hektar Land bewirtschaften könnte, de facto sind es derzeit nur sechs.

»Kunstdüngersubventionen sind das Mittel der Wahl«, sagt Daniel Kalala vom *Kasisi Agricultural Training Centre* (KATC) in Sambia mit einem resignierten Seufzer, als wir ihn fragen, weshalb die Regierung Kunstdünger subventioniert, obwohl man mit anderen Mitteln den Ertrag steigern könne.

Als wir Susan und Godfrey in Sambia besucht haben, klagten beide, dass der Dünger zu teuer sei, obwohl die Regierung Sambias 80 Prozent des Preises subventioniert. Die Hilfen, die Sambia für den Maisanbau bereitstellt, belaufen sich jährlich auf circa 112 Millionen Euro. Die beiden wichtigsten Maßnahmen sind die Subventionierung von Kunstdünger und die Regulation des Maismarktes, indem die Regierung Mais für Preise weit über dem Weltmarktniveau aufkauft. Diese Politik funktioniert augenscheinlich, da die Maisproduktion gestiegen ist, obwohl Untersuchungen des Landwirtschaftsministeriums von Sambia zeigen, dass die guten Ernteerträge der letzten Jahre vor allem auf eine günstige Witterung mit reichlich Niderschlägen zurückzuführen sind.

Der Mehrertrag hat nunmehr einen wahren Maisberg entstehen lassen. Die gelagerte Menge entspricht einem Drittel der letztjährigen Ernte. Ein Großteil des Maises ist jedoch verdorben, weshalb die Behörden diesen Mais nun verbrennen lassen, um Platz für die neue Ernte zu schaffen. Landwirtschaftsminister Emannuel Chenda führt an, dass es in Afrika einen großen regionalen Markt gebe, zum Beispiel am Horn von Afrika, wo sich zurzeit eine Hungerkatastrophe abspielt. Aber die Hungernden am Horn von Afrika haben kein Geld, von dem sie Mais kaufen könnten, vor allem nicht zu den hohen Preisen Sambias. Mais aus Sambia zu exportieren ist außerdem ein kostspieliges, zeitaufwendiges Unterfangen, da er erst mit einem Lkw zur Küste gefahren werden muss.

Ein Bericht der gemeinnützigen Hilfsorganisation *Action Aid* kritisiert das Subventionsprogramm, weil es an alle Bauern, unabhängig von den Voraussetzungen auf ihren Farmen, immer dasselbe Saatgut sowie dieselben Mengen vom immer gleichen Kunstdünger verteilt, obwohl Landwirtschaftsexperten wissen, dass Saatgut und Düngemittel an die örtlichen Gegebenheiten angepasst sein sollten. Bauen alle Mais an, noch dazu Mais ein und derselben Sorte, besteht ein großes Risiko für ernste, von Schädlingen oder Krankheiten verursachte Ernteausfälle. Aufgrund der verfehlten Subventionspolitik bevorzugen die Bauern Mais statt Sorghum oder Maniok, die gegen Trockenheit weitaus resistenter sind. Schließlich führt die Bevorzugung von Mais auch zu einer einseitigen Ernährung weiter Teile der Bevölkerung.

Das Beispiel der Kunstdüngersubventionen in Sambia sollte man im Hinterkopf behalten, wenn man andere Vorschläge hört, wie die afrikanischen Kleinbauern ihre Erträge steigern könnten. Einige namhafte und mächtige internationale Organisationen führen ins Feld, dass Afrika die sogenannte Grüne Revolution wiederholen müsse, die in Ländern wie Mexiko, Indien und den Philippinen von Erfolg gekrönt war. Sie bestand aus einem »Maßnahmenpaket«, das neue ertragreiche Sorten, einen gesteigerten Einsatz von Kunstdüngern und Pestiziden, eine verbesserte landwirtschaftliche Infrastruktur und vor allem Bewässerung mit einschloss. In den letzten Jahren wurde dieses Paket noch durch genmodifiziertes Saatgut ergänzt. Zweifelsohne erhöht man den Ernteertrag für einige Jahre, wenn man Kunstdünger einsetzt, das zeigt auch das Beispiel aus Sambia. Viele Organisationen, die intensiv mit Kleinbauern zusammenarbeiten, sind jedoch gegen eine Grüne Revolution in Afrika.

Die unsicheren Verhältnisse der Kleinbauern – etwa das Anbaurisiko aufgrund stark variabler Witterungsverhältnisse – machen den Einsatz von teurem Saatgut, Kunstdünger und Pestiziden zu einem riskanten Spiel. Vor allem fehlt es den Bauern an Kapital – und für den seltenen Fall, dass sie einen Kredit erhalten, betragen die Zinsen nicht selten über 20 Prozent. Fällt nur eine Ernte aus oder verharrt sie mehrere Jahre auf niedrigem Niveau, landen die Bauern in einer Schuldenfalle, aus der sie sich kaum wieder befreien können.

»Afrika unterscheidet sich von anderen Kontinenten vor allem dadurch, dass es bitterarm ist.«

Darüber hinaus sind die unmittelbaren Risiken des Kunstdünger- und Pestizideinsatzes nicht zu vernachlässigen. Kunstdünger

Trotz staatlicher Subventionierung von Kunstdünger fährt die arbeitsintensive Landwirtschaft der Familie Mkandawire Verluste ein.

belastet Böden und Grundwasser und bringt oftmals eine erhöhte Anfälligkeit für Schädlinge mit sich. Die einseitigen Produktionssysteme als Ergebnis dieser Strategien führen zu einem erhöhten Einsatz von Pestiziden. Auf unserer Reise durch den Norden Ugandas haben wir beobachtet, wie Pestizide in einem Eimer aufgelöst wurden, der mit großer Wahrscheinlichkeit auch für das Trinkwasser der Tiere oder die Essenszubereitung für die Familie in Gebrauch war. Ein Bericht der UN-Umweltorganisation UNEP, *Global Chemicals Outlook*, von 2012 führt an, dass Pestizidvergiftungen das Gesundheitssystem vieler afrikanischer Staaten massiv belasten.

Die Befürworter der Gentechnik behaupten häufig, dass dieser »Wundertechnologie« eine entscheidende Rolle dabei zukäme, die Welt zu ernähren und die Armut zu mindern. Sie führen Saatgut ins Feld, das höhere Erträge ermöglicht, dürreresistent ist oder mehr Nährstoffe enthält. Die Gegner sprechen von Superunkräutern, Mutationen, gesundheitlichen Risiken und dem gewaltigen Machtmonopol, das mit der patentierten GVO-Saat einhergeht. Bei oberflächlicher Betrachtung kann die Gentechnik sicher die ein oder andere »Schwäche« mancher Sorten und Kulturen lindern oder beseitigen; theoretisch lässt sich für jede spezifische Situation eine bestimmte Obst- oder Gemüsesorte »designen«. In der Praxis hat sich eine geringe Anzahl sehr großer Konzerne die Patente auf diese GVO-Saat gesichert und dieses Saatgut wird vor allem von großen, kommerziell ausgerichteten landwirtschaftlichen Betrieben eingesetzt. Die genmodifizierten Eigenschaften der Sorten bewirken keinen höheren Ernteertrag, sondern helfen den Großbetrieben kostengünstiger zu produzieren. Die finanzschwachen Kleinbauern können ihre Ernteerträge durch die gezielte Verbesserung etablierter Methoden steigern und stellen für die Gentechnikunternehmen daher auch keinen interessanten Markt dar.

Wie die Beispiele aus Sambia, Namibia, Uganda und Äthiopien zeigen, lassen sich die Ernteerträge durch ökologische Landwirtschaft durchaus steigern. Diese Erkenntnis hat sich in den vergangenen Jahren vermehrt durchgesetzt, sodass afrikanische Regierungen und internationale Organisationen den Ökolandbau unterstützen wollen. Auf der zweiten afrikanischen Bio-Konferenz im Mai 2012 in Lusaka zeigte sich der sambische Landwirtschaftsminister davon überzeugt, dass »Ökolandbau zur Ernährungssicherheit, höheren Einkommen und zu sicheren Arbeitsverhältnissen für unser Volk beitragen kann«. Die Afrikanische Union hat 2011 eine Resolution zur Subventionierung der ökologischen Landwirtschaft in Afrika angenommen.

Ein Phänomen, das in den letzten Jahren in die Schlagzeilen gekommen ist und oft ausschließlich mit Afrika assoziiert wird, ist Land Grabbing oder Landraub. Es existieren keine genauen Zahlen über den Umfang von »Grundstücksgeschäften in größerem Maßstab, in die ausländische Interessen involviert sind«, wie Land Grabbing etwas defensiver formuliert genannt wird. Die Datenbank *Land Matrix* hat Tausende solcher Geschäfte auf insgesamt 57 Millionen Hektar registriert, einer Fläche, die etwa dem 3,5-Fachen der landwirtschaftlichen Nutzfläche Deutschlands entspricht. Äthiopien hat Land für nicht weniger als 800 verschiedene ausländische Anbauprojekte vergeben, darunter so manche Fläche für einen rein symbolischen Gegenwert. In Gambella, nahe der sudanesischen Grenze, hat ein indisches Unternehmen, Karuti Global, 300.000 Hektar Nutzfläche für den Anbau von Ölpalmen,

Zucker und Weizen für den Export nach Indien gepachtet. Die Regierung Äthiopiens sieht diese ausländischen Investitionen als Chance und nicht als Bedrohung. Die ausländischen Unternehmen könnten das einbringen, woran es im eigenen Land fehle, nämlich Kapital und Technik, wie der äthiopische Landwirtschaftsminister 2010 in einem Interview für *The Guardian* erklärte.

Interessant sind zumeist Landstriche mit einer ordentlichen bis guten Wasserverfügbarkeit. »Das Land selbst besitzt keinen Wert, der eigentliche Wert ist das Wasser«, erklärt Neil Crowder von Chayton Africa, die in Sambia in Land investieren. Rund ein Viertel der abgeschlossenen Verträge erlaubt den Anbau von Biokraftstoffen. Das schwedische Unternehmen SEKAB, »Europas größter Anbieter von ethanolbasierten fossilfreien Chemikalien und Biokraftsoffen«, initiierte in Tansania und Mosambik ein breit angelegtes Biokraftstoffprojekt, doch haben sich beide Projekte mehr oder weniger in Luft aufgelöst. Der Betrieb in Tansania wurde für 45 Euro an den ehemaligen Leiter Per Carstedt verkauft, sodass die SEKAB aus ihren Verpflichtungen freikam. Die Hälfte der Geschäfte beläuft sich auf andere landwirtschaftliche Erzeugnisse, der restliche Teil auf Wiederaufforstungsprojekte und Ähnliches. Auf Ackerland junge Bäume zu pflanzen, um Kohlendioxid zu binden, sodass die reichen Länder ihre Emissionen kompensieren können, ist eine der neuesten Geschäftsideen.

In den meisten afrikanischen Ländern kontrollieren der Staat oder Stammesfürsten die Ländereien. Korruption und eine schwache parlamentarische Kontrolle machen es Großunternehmen leicht, Geschäfte zu tätigen, die vordergründig vorteilhaft erscheinen, von denen die Bevölkerung vor Ort jedoch kaum profitiert, vor allem nicht jene Bauern, die das Land bereits bewirtschaften.

Die Intensivierung ausländischer Investitionen in landwirtschaftliche Nutzflächen ist nicht nur ein afrikanisches Phänomen, sondern ein Zeichen dafür, dass immer mehr Investoren erkennen, dass wir auf einem Planeten mit endlichen Ressourcen leben.

Afrika unterscheidet sich von anderen Kontinenten vor allem dadurch, dass es bitterarm ist. Fast alle präsentierten Lösungen drehen sich in irgendeiner Form darum, Ressourcen einzubringen: Kapital für Investitionen, Ausbildungsinitiativen und das Gesundheitswesen, Technik und Know-how, eine Organisation der Bauern und eine Förderung von Demokratie, biologischer Vielfalt und Landschaftspflege. Den Bauern Zugang zu den Märkten zu verschaffen, könnte die Entwicklung ebenfalls anregen – diesen und vergleichbare andere Aspekte diskutieren wir in Kapitel sieben. Bei vielen an der Diskussion beteiligten Parteien reift mittlerweile die Erkenntnis, dass es für das Entwicklungsproblem Afrikas keine schnellen und einfachen technischen Lösungen gibt, weder in der Landwirtschaft noch in anderen Bereichen.

Kapitel V

Wenn die Kuh auf der Autobahn weidet

»Unser Restaurant bietet eine internationale Küche mit indischem Einschlag«, erklärt Gauri Devidayal, dem das Luxusrestaurant »The Table« in Mumbai gehört. Das Restaurant könnte ebenso gut in London, New York oder Berlin liegen. Die internationale Küche, oder vielmehr die Ernährungsgewohnheiten der westlichen Welt, erobern auch das Land, das bislang von vegetarischer Ernährung geprägt war: Indien. Die Inder möchten mehr Milchprodukte und mehr Fast Food verzehren und in der indischen Oberschicht ist Rindfleisch »der neue Trend«.

Aus vielen kleinen Flüssen wird die indische Milchflut

»Dein Weg zum Glück«, steht auf den Schildern an der neuen Autobahn zwischen Delhi und Mumbai, und die Menschen fahren so, als seien sie tatsächlich unterwegs dorthin. Defensives Fahren und Verkehrsregeln sind zweitrangig, sie werden einfach durch ständiges Hupen kompensiert. Alle scheinen es zu genießen, auf dem neuen schwarzen Asphalt dahinzusausen, auf dem immer wieder überfahrene Hunde liegen, die wohl noch nicht begriffen hatten, dass man inzwischen bedeutend schneller fährt. Eine Regel scheint jedoch ungeschriebenes Gesetz zu sein – unter keinen Umständen eine Kuh anzufahren!

Die Kühe tauchen immer wieder an der Autobahn auf. Sie sind es gewohnt, frei umherzustreifen, werden aber vor allem von dem grünen Mittelstreifen angelockt. Ob die Autofahrer ihr Glücksnirwana jemals erreichen, bleibt ungewiss, die Kühe jedenfalls sind schon dort. Frisches Gras ist für eine indische Kuh der Inbegriff von Luxus.

Ist die Geschwindigkeit auf der Autobahn schon hoch, so ist das noch nichts gegen das Tempo, das die indische Milchindustrie vorgelegt hat. In den letzten 40 Jahren hat sich die Milchmenge in Indien verfünffacht und sie soll abermals gesteigert werden.

In den kommenden zehn Jahren wird Indien seine Milchproduktion von 112 auf 210 Millionen Tonnen nahezu verdoppeln. Der Grund dafür ist simpel – man geht davon aus, dass die Inder in Zukunft mehr Milchprodukte konsumieren werden und will potenziell notwendigen Importen schon jetzt zuvorkommen.

Gleichzeitig ist diese Entwicklung fragwürdig. Bereits vor 15 Jahren, als Indien zum weltweit größten Milchproduzenten avancierte, dachten führende Köpfe der indischen Milchindustrie darüber nach, ob es wirklich ökologisch nachhaltig wäre, die Produktion erneut zu steigern. Würde es in einem Land, dem es an Nutzflächen mangelt, möglich sein, die Tiere vor allem mit Ernterückständen, dem wenigen Gras und schlimmstenfalls mit Essensresten aufzuziehen?

»Frisches Gras ist für eine indische Kuh der Inbegriff von Luxus.«

Einer dieser Skeptiker war Amrita Patel, Vorsitzender des NDDB, des *National Dairy Development Board*, der halbstaatlichen Molkereigenossenschaft Indiens. Das Hauptbüro der Genossenschaft befindet sich in Anand im Bundesstaat Gujarat, einem der Zentren der Milchproduktion Indiens.

»Haben Sie Ihre Wahl getroffen, wurde das traditionelle westliche Produktionsmodell auch auf Indien übertragen?«, fragen wir ihn.

»Nein, wir können uns Ihrem Modell aus verschiedenen Gründen nicht anschließen. Wir können unsere Kühe nicht mit Getreide füttern, da wir damit unsere Bevölkerung ernähren müssen, und wir können die Kühe nicht schlachten, wenn sie weniger Milch geben. Bei uns wird stattdessen eine Steigerung der durchschnittlichen Milchleistung pro Kuh von zwei auf vier Liter Milch am Tag erwogen«, erklärt Amrita Patel.

Für den Kleinbauern, der nur ein winziges Stück Land sein Eigen nennt, sieht sie keine Zukunft.

Heilige Kühe: Für einen gläubigen Hindu können in einer Kuh bis zu 300 Götter wiedergeboren werden. Wer das Tier gut behandelt, darf Glück und Segen erwarten. Wer jedoch eine Kuh tötet, wird als niedrigstes Wesen wiedergeboren.

»Kleinbauern, die nur ein, zwei Tiere besitzen, werden es schwer haben zu überleben. In Zukunft wird ein Viehbestand von mindestens fünf Tieren verlangt werden.«

Die Inder können nicht wie wir in Europa und anderen milchproduzierenden Ländern verfahren – die Kühe schlachten, wenn ihre Milchleistung nachlässt. Die indische Kuh ist heilig und dem Hinduismus zufolge ist es verboten, eine Kuh zu töten, was so

auch in den Gesetzen mehrerer indischer Bundesstaaten veran-
kert ist. Aus eben diesem Grund weichen die Autofahrer auf den
Highways den Kühen auch achtsam aus. Wie bei so vielen religiös
motivierten Essenstabus, existiert auch eine bodenständige Erklärung dafür: Die Bevölkerungsmenge, die notwendig wäre, all die
Kühe des Landes aufzuessen, könnte schlichtweg nicht ernährt
werden. Es ist daher effektiver, die heilige Kuh als Zugtier, ihren
Kot als Dünger, Treibstoff oder als Baumaterial zu nutzen und die
Milch als Getränk.

Doch keine Regel ohne Ausnahme. In manchen Bundesstaaten, wie beispielsweise Kerala und Westbengalen ist das Schlachten von Kühen erlaubt. In wiederum anderen Staaten ist es gestat-
tet, Stiere zu schlachten, jedoch keine Kühe. Doch in Gujarat und
mehreren der anderen großen indischen Milcherzeugerländer ist
es gänzlich verboten, irgendeine Art von Rindvieh zu töten. Dafür
existiert hier kein Verbot gegen das Schlachten von Wasserbüffeln,
die die Hälfte von Indiens Milchviehbestand ausmachen. Aus diesem Grund wächst in den großen Milchstaaten auch die Zahl der
Büffelkühe.

»Trotzdem fällt uns natürlich auf, dass die Anzahl an produktiven Milchkühen ständig zunimmt, was bedeutet, dass die
Bauern sich irgendwie der Tiere entledigen, deren Milchleistung
sinkt oder die gar keine Milch mehr geben«, sagt Amrita Patel mit
einem verlegenen Lächeln.

Sie spielt darauf an, dass trotz des Verbots immer mehr Kühe
geschlachtet werden. So werden Kühe mit nachlassender Milchleistung über die pakistanische Grenze geschmuggelt und im
Nachbarland geschlachtet. Noch nicht einmal die heiligen Kühe
Indiens entkommen dem zunehmenden wirtschaftlichen Druck
in der Landwirtschaft.

Indiens Erfolgsrezept liegt darin, dass jede Kuh und jede Büf-
felkuh durchschnittlich nur ein paar Liter Milch am Tag geben –
was weniger als ein Zehntel dessen ist, was eine deutsche Kuh
produziert. Aber es gibt in Indien an die 127 Millionen Büffelkühe. Sie können von der gesamten Milchleistung mit den über
vier Millionen Milchkühen in Deutschland und gut neun Millionen in den USA durchaus mithalten. In Indien besitzen die
Milchbauern nur wenige Tiere, so haben etwa 80 Prozent zwischen zwei und acht Kühen, während einem deutschen Landwirt
durchschnittlich 54 Kühe gehören.

Der Milchertrag soll durch qualitativ besseres Futter und spezielle
Züchtungen gesteigert werden. Auf dem Gebiet der Züchtung ist
diese neue Entwicklung bereits ersichtlich, zumindest hier in Gujarat. Die herkömmliche indische Kuh mit ihren riesigen Hörnern
und Buckeln ist nur noch selten zu sehen. Immer mehr heimische
Rassen werden mit Holsteinern gekreuzt, eine Kuhrasse, die für
ihren hohen Milchertrag bekannt ist, aber auch mit Jersey-Kühen,
die nicht so viel Milch geben wie die Holsteiner, aber eine mit höherem Fettgehalt, was dem indischen Geschmack entgegenkommt.

Die Rassen aus dem Westen geben mehr Milch, sind aber auch
anfälliger für Krankheiten; das tropische Klima stellt hohe An-
forderungen an die Futterqualität, unter anderem benötigen die
neuen Rassen mehr Gras. Einerseits gibt eine indische Kuh mit
1.000 Litern pro Jahr nur ein Drittel der Milchmenge, welche die
Kreuzungen geben, andererseits ist sie widerstandsfähiger und
kann, wenn nötig, von Ernterückständen und Essensresten leben.

Widerstandsfähigeren Rassen wird bei Klimaveränderungen
vermutlich noch mehr Bedeutung zukommen. Das hat auch der

NDDB erkannt und ein Zuchtprogramm für die heimischen Kuhrassen ins Leben gerufen.

»Die Großbauern werden ihre Tiere weiterhin kreuzen, für die Kleinbauern ist es jedoch wichtig, dass es robuste Büffelarten und indische Kuhrassen gibt«, sagt Amrita Patel.

Kishor M. Patel aus dem Dorf Shekdi vor den Toren Anands ist bereit, den Milchertrag zu steigern. Er besitzt 16 Kühe, gilt damit als einer der größeren Bauern und in einigen Jahren will er seinen Viehbestand verdoppelt haben. Seine Kühe, allesamt mit Holsteinern oder Jerseys gekreuzt, werden in dem einfachen, aber sauberen Stall gehalten. Die Kühe weiden nie, dafür steht einfach nicht genügend Land zur Verfügung. Niemand im Dorf besitzt Weideland, und obwohl Kishor mit seinen beinahe sieben Hektar nach indischem Maßstab relativ viel Grund besitzt, reicht das Land für die Weidewirtschaft nicht aus. Auf seinen Ländereien baut er stattdessen Weizen, Reis, Tabak und regionale Getreidesorten wie Perlhirse und Sorghum an. Ein wenig von dem Getreide bekommen auch die Kühe, vor allem jedoch Getreidehalme, die nach der Ernte übrigbleiben, und Pellets aus Ernterückständen, die mit Mineralien angereichert sind und die Kishor von der Molkereigenossenschaft erwirbt. Gras ist einfach selten.

»In vielen anderen indischen Bundesstaaten begehen die Landwirte Selbstmord, weil die Ernte ausgeblieben ist.«

Stolz präsentiert er uns seine beiden Hochleistungskühe, die am Tag 25 bis 30 Liter Milch geben. Das ist viel, für die Ernährung eines Kalbes sind acht Liter ausreichend, Hochleistungskühe in der EU erreichen bis zu 50 Liter. Der Unterschied zu Kishors übrigen Kühen ist beträchtlich, sie geben im Durchschnitt nur acht Liter, was für Indien schon überdurschnittlich viel ist.

»Ich bin zufrieden mit dem Milchpreis, ich verdiene etwa 24.000 Euro im Jahr, weshalb ich den Betrieb auch erweitern will. Mich beunruhigt nur, dass es so schwer ist, Arbeitskräfte zu finden. Eigentlich brauche ich 15 bis 16 Angestellte, aber ich muss mich mit acht bis zehn begnügen«, erklärt er.

In Europa würde ein Landwirt mit 16 Kühen nicht einmal daran denken, jemanden zusätzlich einzustellen, aber in Indien sind Arbeitskräfte nach wie vor billig, obwohl gestiegene Landarbeiterlöhne die indischen Bauern bereits dazu veranlasst haben, die Personalstärke zu verringern. Kishor M. Patel hat sich dafür entschieden, lieber Melkmaschinen anzuschaffen als mehr Leute einzustellen, was ungewöhnlich ist.

Sein Nachbar Kanu M. Patel hat nur vier Kühe, ebenfalls Kreuzungen, doch selbst er plant, die Produktion zu erweitern. Er lebt mit seiner Familie in einem einfachen Reihenhaus; auf der Terrasse stehen die Kühe. Er besitzt nur ein Viertel Hektar Land, auf dem er Reis, Weizen und Perlhirse anbaut, aber auch einen Streifen Gras, der die Ackerfläche umrahmt und auf dem die Tiere weiden.

Kanu M. Patel ist 71 Jahre alt, bald werden seine beiden Söhne die Landwirtschaft übernehmen. Ein Sohn, Dilip Kumar, hat in den Golfstaaten Geld verdient und wird in fünf neue Kühe investieren, kann es sich allerdings nicht leisten, mehr Land zu erwerben. Der Preis pro Hektar liegt hier bei nahezu unfassbaren 40.000 bis 50.000 Euro. Es stelle jedoch kein Problem dar, fünf weitere Kühe unterzubringen, so der Sohn. Hinter dem Haus sei noch Platz.

»Schließen Sie von den paar Bauern, die Sie heute kennengelernt haben, bitte nicht auf ganz Indien. Ein Großteil der Bauern ist und bleibt arm. In vielen anderen indischen Bundesstaaten begehen die Landwirte Selbstmord, weil die Ernte ausgeblieben ist, aber das werden Sie nicht in Gujarat und nicht bei den Milchbauern erleben. Wenn Dürre herrscht und die Bauern ihre Ernte einbüßen, können sie immer noch ihre Milch verkaufen und bekommen dafür 34 Cent pro Liter, was für die tägliche Nahrung ausreicht«, sagt Amrita Patel.

Vier Stunden nördlich von Anand, in Palanpur, liegt die Molkerei Banas. Sie ist die größte Molkerei Asiens und der Stolz der Kooperative. Hier nimmt man täglich drei Millionen Liter Milch entgegen und der größte Teil wird als Frischmilch verkauft. In fünf Jahren rechnet man damit, fünf Millionen Liter abnehmen zu können, weshalb die Molkerei um eine zusätzliche Milchpulverfabrik, eine Käsefabrik und sogar eine Futtermittelfabrik erweitert wird. Die von hier stammende Milch wird unter der landesweit bekannten Marke »Amul« verkauft.

Als wir die Molkerei besichtigen, ist der Stolz deutlich spürbar. Es ist uns sogar verboten, in der Produktionshalle zu fotografieren. Nicht aus hygienischen Gründen, sondern damit wir keine Produktionsgeheimnisse stehlen. Während in der Kooperative großer Optimismus herrscht, ist der Verkaufsleiter C.A.N.K. Dadich der Ansicht, dass die Milch nicht ganz der Heilsversprecher ist, als der sie hingestellt wird.

»Dies ist kein Geschäft, das sich langfristig lohnt, weder für den Bauern noch für die Molkereiindustrie. Deshalb müssen wir eine neue Fabrik errichten, um die Milch effektiver zu veredeln. Wir müssen auch den Vertrieb verbessern und neue Märkte in benachbarten Bundesstaaten erschließen. Das Wichtigste aber ist, dass es den Bauern gelingt, mit ihren Tieren und ihrer Milch-produktion am Ball zu bleiben. Meiner Meinung nach sind dafür staatliche Subventionen nötig. Arbeitskraft wird allmählich teuer«, sagt er.

Eine wichtige Frage lautet, um welche Mengen die indische Milchproduktion gesteigert werden kann.

»Die Ökonomen glauben, es gebe keine Grenzen nach oben, aber das sehe ich anders. Ich finde, dass wir mit den Ressourcen arbeiten sollten, die uns zur Verfügung stehen«, erklärt Amrita Patel.

Die Zukunft zerrinnt mit dem Wasser und dem Boden

Die Bodenknappheit und damit auch das fehlende Viehfutter könnten Indiens Expansionspläne bremsen. Der FAO zufolge gehört Indien zu den Ländern, die ihre landwirtschaftliche Nutz-fläche nur schwerlich vergrößern können. Dieser Mangel an Nutzfläche ist auch in der Struktur der indischen Landwirtschaft abzulesen. Jeder fünfte Betrieb verfügt über weniger als einen Hektar Land und gut 60 Prozent der indischen Bauern besitzen weniger als vier. Nur zehn Prozent der Betriebe sind soge-nannte Großbetriebe, und das ist in Indien alles ab zehn Hektar aufwärts. In Deutschland betrug die durchschnittliche Betriebs-größe 2013 59 Hektar.

»Ich glaube nicht, dass eine Bodenreform politisch möglich ist, aber ich finde, dass es nötig ist, eine Richtlinie dahingehend zu verabschieden, wie mit Land und Wasser umgegangen werden soll«, sagt Amrita Patel.

Etwa ein Drittel der landwirtschaftlichen Flächen Indiens ist Schätzungen zufolge mehr oder weniger durch Desertifikation oder Bodenerosion schon verloren gegangen. Bereits 1985 hat der damalige Premierminister Rajiv Gandhi Initiativen ergriffen, um zerstörte Böden wieder zu rekultivieren, woraufhin die Stiftung *Foundation for Ecological Security* ins Leben gerufen wurde. Stiftungsgeber sind unter anderem die indische Molkereigenossenschaft, auch ausländische Entwicklungshilfeministerien sind involviert.

Wir begleiten Vertreter der Stiftung zu einem der rund 3.000 Dörfer, mit denen man zusammenarbeitet. Wir müssen dem Mahifluss nicht lange folgen, um die ersten Spuren zu entdecken: Auf etwa 100 Kilometern Länge ist das Flusstal stark durch Erosion in Mitleidenschaft gezogen.

»Vor 50 bis 60 Jahren war hier ein Wald mit Tigern und Elefanten. Dann hat man angefangen, den Wald zu roden und Landwirtschaft zu betreiben. Früher hat hier ein Dorf gelegen, das umgesiedelt werden musste, etwa 40 der 70 Dörfer am Fluss haben dasselbe Schicksal erlitten, weil der Boden abgeschwemmt wurde. Von den circa 85.000 Hektar Land in Flussnähe sind 20.000 Hektar ernsthaft geschädigt«, erklärt Dinesh Reddy, Geschäftsführer der *Foundation for Ecological Security*.

Das Dorf Khorwad am Mahifluss, etwa 20 Kilometer nördlich von Vadodara gelegen, kämpft ums Überleben. Zwanzig Jahre lang hat man in Zusammenarbeit mit der *Foundation for Ecological Security* daran gearbeitet, 40 Hektar zerstörten Boden durch die Anpflanzung von Bäumen und Sträuchern wiederherzustellen. Die Arbeit hat Wirkung gezeigt; mittlerweile gedeiht hier ein üppiger Wald, den die Dorfbewohner gemeinsam besitzen und verwalten. Aber im Umkreis des Dorfes geht die Erosion weiter. Wolkenbruchartige Regenfälle und Überschwemmungen haben tiefe Schluchten erzeugt und entziehen jetzt dem Dorf buchstäblich den Boden. Dinesh Reddy erläutert, dass unklare Eigentumsverhältnisse zur Schädigung der Böden beitragen. Diesmal geht es in dem Konflikt darum, ob der Boden dem Staat oder zur Allmende des Dorfes gehört. In anderen Fällen verpachten Grundbesitzer ihre Ländereien und weder der Eigentümer noch der Pächter übernehmen Verantwortung für den Zustand des Bodens.

Auf dem verödeten Grund ist nie Ackerbau betrieben worden, sondern er wurde intensiv beweidet. Heute werden die neu bepflanzten Gebiete durch Dornbüsche vor weidenden Tieren geschützt. Im gewachsenen Wald ist eine gewisse Beweidung jedoch gegen Zahlung einer kleinen Abgabe zulässig.

»Wir wissen, dass wir mit dem Boden sorgsamer umgehen müssen. Wir werden die Bäume abholzen, wenn sie groß genug sind, aber nicht alle auf einmal. Das Geld, das uns die Bäume einbringen, investieren wir in die Anpflanzung neuer Bäume und in die Entwicklung unseres Dorfes. Wir brauchen Trinkwasser und auch eine Schule«, sagt Gangaben Shancar Bhai Wagh, eine der Frauen des Dorfes.

Gujarat wird als das große Erfolgsbeispiel für die indische Landwirtschaft hingestellt und die Produktivität ist durch den Anbau

Die Bewohner des Dorfes Khorwad in Gujarat verlieren den Boden unter ihren Füßen. Mit der Pflanzung schnell wachsender Bambussorten hoffen sie, die Erosion aufhalten zu können.

von Mais, Milch und Gemüse kräftig gestiegen. Doch schaut man genauer hin, dann sieht man, dass dafür ein hoher Preis gezahlt werden musste. Die Kehrseite der Medaille ist im Dorf Jaloya an der pakistanischen Grenze deutlich zu erkennen. Hier scheint die Wüste der einzige Gewinner zu sein.

> »Eine Bodenreform ist politisch kaum durchsetzbar, aber wir brauchen eine Richtlinie, die den Umgang mit Land und Wasser regelt.«

»Ich denke nicht daran, was morgen sein wird. Ich vertraue auf Gott, mehr können wir nicht tun.«

Er steht aufrecht, sein Blick ist durchdringend und befehlsgewohnt. Rajput Ramjibhai Khodabdhai ist mit seinen 30 Büffeln ein Großbauer im Dorf. Es ist offensichtlich, dass er großen Einfluss auf die meisten Vorgänge und die 2.000 Einwohner in der Gemeinde besitzt, doch als wir ihn fragen, wie er die Zukunft sieht, hat er nicht sofort eine Antwort parat.

Es fällt schwer, eine Zukunft für dieses Dorf, das eines von vielen indischen Dörfern ist, die unter Wasserknappheit leiden, zu erkennen. Einem Bericht der Weltbank zufolge sind etwa 30 Prozent der indischen Grundwasservorräte übernutzt. Wenn sich die heutige Entwicklung weiter fortsetzt, werden 2025 sogar 60 Prozent der indischen Grundwasserstände in einem kritischen Zustand sein. Im Norden Gujarats – einem von mehreren betroffenen Bundesstaaten –, ist der Grundwasserspiegel schon um 300 Meter gesunken. In ganz Gujarat sollen 40 Prozent des Grundwassers von Versalzung betroffen sein.

Nirgends auf der Welt wird in so großem Umfang Grundwasser in der Landwirtschaft eingesetzt wie in Indien. Schlecht funktionierende staatliche Wassernetze und billige Technik haben Privatleute, und nicht zuletzt die Bauern, dazu veranlasst, eigene Brunnen zu bohren. Darüber hinaus hat der Staat den Strom subventioniert, was es den Bauern ermöglicht, Wasser aus immer tieferen Brunnen heraufzupumpen, ohne an die Kosten denken zu müssen.

Zweimal hat Rajput Ramjhibhai bereits versucht, einen Brunnen zu bohren – ohne Erfolg. Eine 110 Kilometer lange Pipeline versorgt das Dorf für drei Stunden am Tag mit Wasser, das in einer Zisterne gefasst wird.

Im Dorf Jaloya ist das Wasser verbraucht und die beiden Tiefbrunnen von Rajput sind wertlos, weil Salzwasser eingedrungen ist. Das staatliche Wasser gelangt durch Pipelines aus 110 Kilometern Entfernung in das Dorf, für drei Stunden am Tag. Im Sommer reicht das jedoch nicht aus, dann kauft Rajput Wasser hinzu, das in Containern auf Lkws herbeitransportiert wird. Er besitzt 15

Hektar Land, die er bewirtschaftet, aber in diesem Jahr wird wohl nichts aus der Ernte werden. Der Monsun kommt spät.

»Das hängt davon ab, ob es Regen gibt. Bisher sind hier nur 20 Millimeter gefallen, im Gegensatz zu den üblichen 500 bis 600 Millimetern«, sagt er. Rajputs Nachbar Jehabhai Kajabhai Thakor hat seine Entscheidung bereits getroffen. Er ist jung, besitzt nur zwei Büffel, hat kein eigenes Land und verfügt längst nicht über Rajputs finanzielle Ressourcen. Er gibt sich nicht damit zufrieden, auf Gott zu vertrauen. Er will von hier weg.

»Wenn ich unser Nachbardorf besuche, fällt mir auf, dass dort viel mehr passiert, weil sie mehr Wasser haben«, sagt er.

Er ist ein typischer indischer Milchbauer mit wenigen Tieren und wenig oder gar keinem Landeigentum. Er kann es sich nicht leisten, im Sommer Wasser dazuzukaufen.

»Natürlich hätte ich gerne mehr Wasser, dann würde ich noch zwei Büffel mehr anschaffen. Ich kann mich nur jeden dritten Tag waschen und meine Kleidung nicht so oft, wie ich will, wie Sie selbst sehen«, sagt er und zeigt auf seinen staubigen Pulli.

Während unseres Gesprächs versammeln sich immer mehr junge Bauern um uns, und in einer Sache sind sie einer Meinung – wenn es kein Wasser mehr gibt, hat dieses Dorf keine Zukunft. Sie wollen alle wegziehen. An irgendeinen anderen Ort.

Nicht nur diese jungen Männer wollen ihr Dorf verlassen, das Wort »Wasserflüchtlinge« ist zu einem neuen Begriff geworden. Dem *International Water Management Institute* zufolge werden 2025 1,8 Milliarden Menschen in Gebieten leben, in denen Wassermangel herrscht. Vor allem die Gebiete des Mittleren Ostens und Nordafrikas, aber auch Pakistan und Südafrika sowie weite

Teile Chinas und Indiens werden umfassende Probleme mit der knappen Ressource bekommen.

Die Landwirtschaft spielt dabei eine wichtige Rolle, da sie einen extrem hohen Wasserverbrauch hat. Während wir nur ein paar Liter Wasser am Tag trinken, wird mindestens die tausendfache Menge für unsere Nahrungsmittelproduktion aufgewendet. Wie der Fall Indien zeigt, hat der Zugang zu preiswertem Wasser – durch kostengünstige Technik und Stromsubventionen –, den Wasserverbrauch dramatisch ansteigen lassen, und wenn wir uns auf der ganzen Welt umsehen, fällt uns auf, dass preiswertes Wasser für die Landwirtschaft indirekt subventioniert wird. In den meisten Ländern müssen die Haushalte sehr viel mehr für ihr Wasser ausgeben als die Landwirtschaft, und das ist natürlich ein unhaltbarer Zustand.

Grundsätzlich lässt sich durch Bewässerung die Lebensmittelproduktion natürlich wirkungsvoll steigern; vor allem in (sub-) tropischen Ländern, in denen dann mehrere Ernten pro Jahr eingefahren werden können. Bewässerung macht es auch lohnenswerter, in den Boden zu investieren, etwa durch Düngung, was die Ernteerträge weiter ansteigen lässt. Zwischen 1997 und 1999 wurden etwa ein Fünftel der weltweiten landwirtschaftlichen Nutzfläche künstlich bewässert; auf diese Flächen entfiel die Produktion von rund zwei Fünfteln aller Feldfrüchte und nahezu drei Fünfteln allen Getreides.

Aber in Indien ist die Lage anders.

»Viele Landwirte setzen inzwischen auf Bananen oder Zuckerrohr und damit auf Kulturen, die sehr wasserintensiv sind. Wir müssen darüber sprechen, welche Pflanzen wir anbauen können, aber alle wollen nur Geld verdienen, statt sich darüber zu informieren, wofür der Boden geeignet ist. Um diese Fragen gibt es viel Diskussion, aber nichts passiert. Die Regierung konzentriert sich vor allem darauf, die Produktivität zu steigern«, sagt Dinesh Reddy.

Er berichtet, dass es mittlerweile staatliche Hilfen für Tröpfchenbewässerung gibt, durch die sich der Wasserverbrauch um 60 Prozent verringert. Das Problem besteht darin, dass die kleinen Betriebe es sich nicht leisten können, auf diese Bewässerungsform umzustellen.

»Große Probleme bereitet uns auch die Wasserqualität. Im Zentrum Gujarats haben wir hohe Pestizidrückstände im Wasser. Wir haben Messungen durchgeführt und es hat sich leider herausgestellt, dass die Wasserqualität wesentlich schlechter war als erwartet«, sagt er.

Im Frühjahr 2012 veröffentlichte die indische Regierung selbst alarmierende Zahlen über die Wasserqualität. Neben dem Eindringen von Salzwasser sind die Wasservorkommen auch in hohem Maße durch Schwermetalle, Nitrat, Fluoride und Arsen verunreinigt.

Für diese Giftstoffe gibt es viele Ursachen: Wasser aus tieferen Gesteinsschichten führt manchmal Fluoride und Arsen mit sich; der Einsatz von Kunstdünger in der Landwirtschaft gilt als eine der Hauptursachen hoher Nitratkonzentrationen.

Neue Zeiten,
neue Ernährungsgewohnheiten

Der Grund für die gestiegene Nachfrage der Inder nach Milcher-
zeugnissen liegt an einem gestiegenen wirtschaftlichen Wohlstand. Diese Kohärenz lässt sich auf der ganzen Welt beobachten –
wenn die Menschen mehr Einkommen zur Verfügung haben,
kaufen sie mehr Fleisch und Milchprodukte. Sogar in Indien, wo
die meisten Vegetarier leben, ist ein zaghafter, aber steigender
Fleischkonsum spürbar. Dem Restaurant »The Table« in Mumbai ist das gelungen, was Mc Donald's, der umsatzstärksten Fast-
Food-Kette der Welt, in Indien nicht geglückt ist – nämlich Rind-
fleisch-Hamburger zu verkaufen. Am Tisch neben uns sitzt ein
indisches Paar Mitte dreißig mit jeweils einer Hamburgerhälfte.
Für jemanden aus dem Westen ist das unbegreiflich. Was tut ein
halber Hamburger, der noch dazu recht gewöhnlich aussieht, in
einem Luxusrestaurant, das als eines der besten Restaurants Indiens gilt? Die Antwort lautet: Das wohlhabendere Publikum aus
der Oberschicht möchte genauso essen, wie man es im Westen
tut – trotz Rindfleischtabu.

»Ja, Rindfleisch ist immer noch eine heikle Angelegenheit. In
Bangalore dagegen bekommt man durchaus Beef-Beef und nicht
nur Buffalo-Beef zu essen«, sagt Gauri Devidayal.

Sie führt das Restaurant gemeinsam mit ihrem Mann Jay Yousuf und dem Koch Alex Sanchez, der geradewegs aus San Francisco hierher gekommen ist. Er ist einer von mehreren Sterneköchen, die sich kürzlich in Mumbai niedergelassen haben. Im *The Table* verschmelzen viele aktuelle Trends, die in der gehobenen urbanen Mittelschicht angesagt sind, miteinander – nicht nur ein steigendes Interesse an Fleisch- und Milchprodukten, sondern auch an der westlichen Esskultur. Das ist an der Speisekarte des Restaurants gut abzulesen, auf der die indischen Einflüsse so diskret sind, dass dieses Restaurant in jeder x-beliebigen Großstadt der Welt liegen könnte. Ein großer Teil der Nahrungsmittel wird importiert – das Fleisch ist sündhaft teures Kobe-Rindfleisch aus Australien, der Lachs stammt aus Großbritannien, die Entenbrust aus Frankreich, die Champignons und mehrere Gemüsesorten aus Thailand, der Käse aus Italien.

»In Indien gibt es weltweit die größte Anzahl ökologisch zertifizierter Bauern.«

Während diese Lebensmittel in Indien schlichtweg fehlen oder nur in minderer Qualität verfügbar sind, fließen auch lokale Erzeugnisse und Produkte aus urbanem Gartenbau in die Angebotspalette mit ein. Das Restaurant möchte in Sachen Gemüse zum Selbstversorger werden, durch eigenen Landbau und durch Zusammenarbeit mit urbanen Gartenbau-Kooperativen. *The Table* arbeitet mit *Fresh & Local* zusammen, einer Initiative, die eine ökologische städtische Gartenkultur ins Leben rufen will. Der erste Schritt ist der Anbau von Mini-Gemüse im Armenviertel.

»Wir kooperieren unter anderem mit einem Anbauprojekt im Slum, um vor allem die Gesundheit von Frauen und Kindern zu verbessern, aber das ist gar nicht so einfach. Der Anbau benötigt

Flächen, und die sind rar, weshalb es schwer ist, von der Gemüse-zucht zu leben. Mini-Gemüse könnte eine Möglichkeit sein, es be-nötigt wenig Platz und ist reich an Mineralstoffen und Vitaminen, was in den armen Elendsquartieren der Städte besonders wichtig ist, da dort keine abwechslungsreiche Kost verfügbar ist. Die Be-wohner können den Ertrag entweder selbst verzehren oder ihn verkaufen«, sagt Adrienne Thadani, die bei *Fresh & Local* arbeitet.

»Obwohl es langsam vorangeht, geschieht recht viel. Als ich vor dreieinhalb Jahren nach Mumbai zurückkehrte, war es sehr schwer, ökologisch erzeugte Lebensmittel aufzutreiben. Inzwi-schen gibt es eine bedeutend größere Palette an Bioprodukten, an Geschäften, Lieferservice-Unternehmen für Biogemüse und Märkten, die Bioprodukte verkaufen. Die Menschen nehmen das Wort »Bio« zwar nicht in den Mund, sind aber selbstverständlich an Nahrungsmitteln interessiert, die frei von Schadstoffen sind. Man redet auch nicht davon, regionale Erzeugnisse zu kaufen, aber Nahrungsmittel, die aus der Region stammen, werden trotz-dem bevorzugt«, sagt Adrienne.

Gauri Devidayal betont, dass dieses Phänomen vielleicht nur ein Prozent der indischen Bevölkerung betrifft. Die meisten Inder können sich kein exotisches Gemüse, ökologisch erzeugte Lebens-mittel oder Fleisch leisten, sie ernähren sich nach wie vor von Reis, Linsen, Brot und ein paar Gemüsegerichten. Zugleich weitet sich der Trend immer mehr aus. So gibt es in Indien beispielsweise weltweit die größte Anzahl ökologisch zertifizierter Bauern.

Obwohl die Gäste im *The Table* jung und reich sind, verbreitet sich das Interesse für die westliche Esskultur auch in niedrigere Einkommensschichten, und so erklärt sich auch Indiens Ehrgeiz,

seine Landwirtschaft, nicht zuletzt durch die Erhöhung der Milchproduktion, zu verändern.

Doch schon heute strapaziert die konventionelle Landwirtschaft die Ressourcen des Landes – Boden und Wasser – und
verursacht umfassende Umweltprobleme. Bei der aktuell vorherrschenden Entwicklung in der Landwirtschaft scheint es sehr
schwer, die indische Gleichung zu lösen.

Kapitel VI

Der letzte Bauer knipst das Licht aus

*Er ist ein einsamer Landwirt an der Schotter-
straße meiner Kindheit und für mich ist er ein
ungebrochener Held. Dank ihm, seiner Familie
und seinen Kühen ist die Landschaft, in der
ich aufgewachsen bin, in großen Teilen noch
erhalten. Als ich vor knapp dreißig Jahren von
Värmland wegzog, gab es rund zehn Bauern
an der fünf Kilometer langen Straße durch das
Kirchspiel Kila, knapp zwanzig Kilometer von
Säffle gelegen. Heute sind nur noch die Johanssons hier. Jeden Sommer, wenn ich wieder nach
Värmland fahre, klopft mein Herz ein wenig
schneller – betreibt die Familie immer noch
den Hof oder mussten auch sie aufgeben?*

Auf dem Außenposten vorm Wald

Die schwedische Landwirtschaft schrumpft und wächst zugleich. Weniger landwirtschaftliche Betriebe, dafür jedoch größere, aber insgesamt betrachtet auch ein Weniger an bewirtschafteter Fläche. Lange hat es geheißen, dass sich die Zahl der Milchbauern alle zehn Jahre halbiert, aber wahrscheinlich wird sich diese Entwicklung noch schneller vollziehen. Noch halten sich circa 1.500 kleinere Milchviehhalter, aber es ist schwer vorstellbar, wie sie in Zukunft nebeneinander bestehen sollen.

In manchen Regionen gehen die Veränderungen rascher vonstatten – wie im westschwedischen Värmland. Im Jahr 2000 gab es hier noch 347 Milchhöfe, elf Jahre später existierten nur noch 129. Im Bezirk Säffle, in dem ich aufgewachsen bin, gibt es nur noch 19 Betriebe, zu Beginn der Jahrtausendwende waren es noch 53. Arne Johansson betreibt einen dieser Höfe; er hat sich dafür entschieden, das Risiko einzugehen und zu bleiben.

»Man stelle sich vor, wie anders die Landschaft damals ausgesehen hat und wie viel Vielfalt verloren gegangen ist!«

Die schwedische Bauerngemeinschaft ist überaltert, der Altersdurchschnitt liegt bei 60 Jahren und das hat auch Auswirkungen auf die Entwicklung der Landwirtschaft. Ein Generationenwechsel ist nicht so einfach, wenn ein Milchviehbetrieb eine Investition von zehn bis 30 Millionen Kronen (oder 1,1 bis 3,3 Millionen Euro) darstellt. Noch schwerer wird es, wenn niemand den Betrieb übernehmen will. Trotz Fernsehsendungen wie »Bauer sucht Frau«, trotz aller Lifestylemagazine, die das Landleben romantisieren, verliert die Landwirtschaft als Arbeitsplatz nicht nur in Schweden, sondern überall auf der Welt ihren Reiz.

Vor hundert Jahren erreichte die schwedische Landwirtschaft ihre größte Flächenausdehnung. Waren es 1919 noch 3,8 Millionen Hektar Ackerland, liegt sie heute nur noch bei 2,6 Millionen. Noch größer sind die Veränderungen bezüglich der Grünland- und Weideflächen; hier sind im selben Zeitraum Einbußen von 90 Prozent zu verzeichnen. Man stelle sich vor, wie anders die Landschaft damals ausgesehen hat und wie viel Vielfalt dadurch verloren gegangen ist! Speziell die Weideflächen weisen einen sehr großen Artenreichtum auf, bis zu 60 verschiedene Pflanzen pro Quadratmeter. Die Hälfte aller

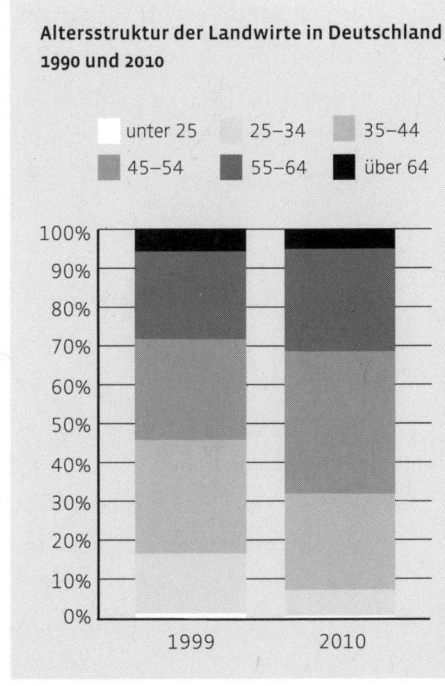

Die Überalterung der bäuerlichen Gesellschaft nimmt rasch zu – eine Entwicklung, die auf ganz Europa zutrifft. Quelle: Situationsbericht 2012, Deutscher Bauernverband

Pflanzenarten, die man heute auf naturbelassenen Weideflächen vorfindet, wächst nur auf Flächen, die über einen langen Zeitraum traditionell bewirtschaftet wurden.

Eine Voraussetzung für biologische Vielfalt ist eine abwechslungsreiche Landschaft. Die momentane Entwicklung mit immer größeren und zugleich weniger landwirtschaftlichen Betrieben steht dem jedoch entgegen. Die Anzahl der Milchkühe hat sich seit 1980 halbiert; es sind heute nur noch etwa 340.000 Stück Milchvieh. Weniger Milchvieh und Milchviehbetriebe heißt zugleich, dass ein geringerer Teil der Landschaft beweidet wird. Die Konzentration von Weidevieh in bestimmten Regionen trägt dem schwedischen Landwirtschaftsministerium zufolge dazu bei, dass vor allem Teile des südöstlichen Schwedens zu verbuschen drohen. Es gibt nicht mehr genügend Tiere, die in diesen Gegenden die naturbelassenen Weideflächen offen halten.

Forschungen haben gezeigt, dass in kleineren landwirtschaftlichen Betrieben eine größere Vielfalt existiert. Eine Erklärung dafür ist, dass der kleinere Betrieb häufig durch eine Kombination aus Tierhaltung und Pflanzenbau eine abwechslungsreichere Produktion pflegt. Das spiegelt sich auch in der Landschaft in Form von Feldgehölzen, Wassergräben, Steinmauern und anderen Elementen wider, die aus einer strengen Produktionsperspektive heraus nicht wirtschaftlich sind, aber zum Artenreichtum der Kulturlandschaft beitragen. Auf den stärker spezialisierten, meist größeren landwirtschaftlichen Betrieben gibt es das alles nicht mehr. Das Zentrum für Biodiversität an der Schwedischen Hochschule für Landwirtschaft schreibt in einem Bericht über naturbelassene Weideflächen: »Die Konsequenzen einer abnehmenden

Variation der Kulturlandschaften können schwerwiegend sein und nicht sofort zutage treten, aber bereits heute stellt die Stilllegung von Betrieben mit Tierhaltung in Waldgebieten ein großes Problem der Landschaftspflege dar.«

Die Landwirtschaft könnte der beste Freund der Biodiversität sein – und ihr größter Feind, je nachdem, wie sie betrieben wird. Da auf mehr als einem Drittel der globalen Landfläche Landwirtschaft betrieben wird, hat sie große Auswirkungen auf die biologische Vielfalt. Viele wilde Pflanzen und Tiere leben in Agrarlandschaften und den Übergangszonen zwischen »unberührter Natur« und Landwirtschaft. Weltweit gesehen hat die Landwirtschaft großen Anteil an der Zurückdrängung von Tier- und Pflanzenarten. Rund 70 Prozent aller auf der Roten Liste stehenden Vögel und 49 Prozent aller bedrohten Pflanzenarten gehen auf ihr Konto. Gut die Hälfte aller Gefäßpflanzen und Säugetierarten in Schweden sind in der Agrarlandschaft zu finden. Hier brüten an die 50 Vogelarten und viele Insekten wie Bienen, Hummeln und Schmetterlinge kommen nur hier vor. Ein Großteil dieser Vielfalt konzentriert sich jedoch auf die gewachsene Kulturlandschaft, in der noch traditionelle Bewirtschaftungsmethoden zum Einsatz kommen.

Die Idee, *alle* Arten um jeden Preis erhalten zu wollen, ist selbstverständlich unsinnig, doch zugleich ist es wichtig, auch in Zukunft Zugang zu einem großen Genpool zu haben, nicht zuletzt bei einem sich verändernden Klima, von dem wir nicht vorhersagen können, welche Arten sich am leichtesten anpassen werden. Obwohl wir immer noch nicht in allen Einzelheiten wissen, wie Natur funktioniert, ist doch klar, dass bestimmte wilde Pflanzen und Tiere eine zentrale Rolle für die Landwirtschaft darstellen – Regenwürmer lockern den Boden, Bienen und Hummeln befruchten Pflanzen, Insekten und Mikroorganismen zersetzen Pflanzenreste und lassen Humus entstehen. All dies wird Ökosystemleistung genannt – ein Begriff, der nur in einer Zeit entstehen konnte, in der es ausschließlich um marktwirtschaftlichen Nutzen geht, der aber trotzdem einen Versuch darstellt zu beschreiben, welchen Wert die Natur hat. Ein Preisschild auf so lebenswichtige Funktionen wie die Regulierung des Klimas durch die Natur und die Reinigung von Wasser und Luft zu kleben, ist natürlich unmöglich. Trotzdem wird genau das versucht.

Die Landwirtschaft war ein Hort der Artenvielfalt, als die Bauern in ihrem Erfindungsreichtum anfingen, wilde Tiere und Pflanzen zu domestizieren und zu zähmen. Dieser Trend setzte sich im 20. Jahrhundert jedoch nicht fort und man geht davon aus, dass weltweit 75 Prozent der einstmals vorhandenen biologischen Vielfalt in der Agrarlandschaft verloren gegangen ist. Weltweit werden heute nur noch 150 Arten angebaut. Doch nicht nur die Artenvielfalt hat abgenommen, auch die Sortenvielfalt ist rückläufig. Früher gab es viele verschiedene Sorten Reis, Weizen oder Kartoffeln. Weniger Arten und Sorten bedeuten nicht nur, dass wir uns »einseitiger« ernähren und einen Teil unserer Kulturgeschichte einbüßen, sondern auch, dass unsere Nahrungsmittelproduktion riskanter wird. Verschiedene Sorten derselben Kulturen sind wiederum für verschiedene Krankheiten und Schädlinge anfällig, aber wenn alle Bauern dieselbe Sorte anbauen, kann eine Krankheit verheerende Folgen haben.

Ein Bruchteil der ehemaligen schwedischen Kulturlandschaft ist noch auf einem Gemälde von 1915 festgehalten, das meine alte Heimat zeigt. Die Landzunge, die in den See Harefjorden ragt, war

1915 noch eine Wiese. Heute ist sie ein Wald. Die Schilfbucht, die bald zugewachsen sein wird, war einst ein Strand, an dem meine Mutter badete, im Wald weideten die Kühe und hielten auch das Schilf kurz. So wie die indischen Bauern heute an den Straßenrändern, am Haus oder zwischen den landwirtschaftlichen Nutzflächen Heu machen, taten das in der ersten Hälfte des 20. Jahrhunderts viele schwedische Bauern. Alles Gras war kostbar.

»Unsere Kühe weideten im Wald, ich erinnere mich noch daran, dass mein Vater auf einigen der Weideflächen im Wald von Hand etwas Kunstdünger verstreute. Aber längst nicht alle konnten es sich leisten, die Tiere im Wald weiden zu lassen, da es kostspielig war, die Weideflächen einzuzäunen«, erinnert sich Anna-Gretha Meyer von Bremen.

Als sie Mitte der 1940er Jahre nach Värmland zog, lagen an dem schmalen Weg rund 20 Bauernhöfe verschiedener Größe, die meisten hielten Kühe. Der Hof, auf dem meine Mutter groß wurde, besaß zehn Kühe und zählte damit zu einem Betrieb mit einem mittleren Viehbestand.

Heute ist das Land meiner Mutter wie das Land der anderen Bauern entlang der Schotterstraße an Arne Johansson verpachtet. Er hat einen neuen Stall errichtet, in dem sich die Kühe frei bewegen können, einen sogenannten Laufstall, hat in Melkroboter investiert, mehr Milchvieh angeschafft und besitzt nun rund 100 Tiere. Wenn in die Landwirtschaft investiert wird, geht es fast immer um große Summen, in diesem Fall betragen die Investitionen umgerechnet 900.000 Euro. Als wir Arne Johansson und seine Frau Teije im Sommer 2012 besuchen, sind sie beunruhigt. Der Milchpreis fällt, und das stimmt überhaupt nicht mit ihrer Kalkulation überein. Gleichzeitig sind sie froh, den Sprung gewagt zu haben.

»Es war noch nie so schön wie jetzt, mit den Kühen zu arbeiten, wo sie sich ungebunden im Stall bewegen können. Sie sind wie Katzen, kommen zu dir und stupsen dich an und sind mürrisch, wenn ich nicht mit ihnen spreche. Spüren Sie, welch ein Frieden und welche Ruhe hier drinnen herrscht?«

Ja, es ist zweifelsohne friedlich im Stall. Arne Johansson erzählt uns, wie er durch die offene Stallhaltung die Persönlichkeiten der Kühe erkennen kann. Manche Kühe gehen immer um Punkt elf Uhr auf die Weide hinaus. Die Kuh 1156 musste das erste Mal, als sie vom Roboter gemolken werden sollte, unter wildem Protest dorthin gebracht werden. Heute muss Arne nur auf sie zeigen, und sie geht freiwillig zur Melkstelle.

»Und dann haben wir hier eine Madame, die macht, was sie will. Sie lässt sich melken, wenn sie will, oder weigert sich, aber sie gibt die größte Milchmenge von allen, 12.000 Kilo pro Jahr. Sie ist sehr speziell.«

Dreißig Jahre ist es her, dass er mit seinem Vater aus Närke hierher nach Hallerud gezogen ist und den Hof erworben hat.

»Wie kommt es, dass Sie noch hier sind, während alle anderen Landwirte aufgehört haben?«

»Wenn man was angefangen hat, will man doch nicht aufgeben. Aber wir waren nicht weit davon entfernt, bevor wir uns entschieden, den Betrieb zu erweitern. Geld haben wir mit der Landwirtschaft nie verdient, aber wir waren der Ansicht, dass alles ordentlich lief und die Kühe gut Milch gegeben haben. Und nicht zuletzt haben wir immer darauf gehofft, dass es im nächsten Jahr besser wird.«

»Das war kein einfaches Leben«, ergänzt seine Ehefrau Teije.

Doch trotz aller Schufterei sind die beiden sich darin einig, dass das Leben als Landwirte ihr Leben auf eine Art bereichert, wie es ein »normaler« Job niemals hätte tun können. Stände Arne heute noch einmal vor der Entscheidung, würde er wieder denselben Beruf ergreifen. Vor ein paar Jahren waren sie an einem Scheideweg angekommen – verkaufen oder erweitern. Sie rechneten sich aus, dass sie den Hof verkaufen und sich für

> »Es ist schön, mit Kühen zu arbeiten, die sich frei im Stall bewegen können.«

das Geld ein großes Einfamilienhaus leisten könnten. Ihre Tochter fand, sie sollten sofort wegziehen, aber ihr Sohn Marcus und auch Teije wollten weitermachen.

»Ja, ich möchte schließlich, dass du glücklich bist«, sagt Teije und streicht Arne leicht über den Arm.

Stattdessen entschieden sie sich dafür, neue Strategien für die Landwirtschaft zu entwickeln, einen neuen Stall zu bauen und weitere Kühe anzuschaffen. Es gab auch Pläne für eine eigene Speiseeisproduktion und ein Künstlercafé auf dem Hof. Der Stall wurde in die Tat umgesetzt, aber der Idee mit der Eisherstellung und dem Café haben fallende Milchpreise erst mal ein Ende gesetzt.

In den 1990er Jahren unternahmen Arne und Teije einen großen Schritt hin in Richtung Veredelung von Milchprodukten und gründeten gemeinsam mit einigen anderen Milchbauern ihre eigene Molkerei in Gillberga. Das war nach der Gründung von »Milko«, der Fusion der värmländischen Molkerei mit anderen Betrieben. Die Värmländer verloren ihren eigenen Molkereiverbund, waren der Ansicht, dadurch Einfluss einzubüßen, und entschieden sich so für die Gründung eines eigenen Molkereibetriebs. Diese Initiative war einer der ersten Versuche in unserer

Zeit. Vielleicht kam sie zu früh, vielleicht war die Kalkulation zu optimistisch, jedenfalls währte sie nicht lange und ihre Molkerei musste Konkurs anmelden. Das war teures Lehrgeld für alle Beteiligten.

»Wie die Zukunft aussehen wird? Da bin ich mir momentan sehr unsicher. Es kommt einem so vor, als befände man sich im freien Fall. *Arla* gibt den Weltmarktpreisen die Schuld und sieht vor Ende des Jahres kein Licht am Ende des Tunnels«, sagt Arne.

Obwohl sie alles richtig gemacht haben, um auch in Zukunft erfolgreiche Milcherzeuger in Schweden zu sein, obwohl sie investiert und erweitert haben und obwohl die Kühe überdurchschnittlich viel Milch geben, ist ihre wirtschaftliche Lage prekär, wie die vieler Milchbauern heute. In absoluten Zahlen gesehen und auf den Nominalwert bezogen, bewegen sich die Milchpreise seit den 1980er Jahren auf demselben Niveau. Rechnet man den Milchpreis auf den heutigen Geldwert um, ist er in diesem Zeitraum von 60 Cent auf etwa 30 Cent gefallen. Währenddessen sind die Kosten der Landwirte für Futtermittel, Kunstdünger, Diesel und anderes, was für den Betrieb zugekauft werden muss, kräftig gestiegen. Der verantwortliche Volkswirt des Landwirtschaftsministeriums, Harald Svensson, berichtet, ein Milchbauer müsse heute mehr als doppelt so viel Milch wie 1980 produzieren, um sich dieselbe Menge an landwirtschaftlichen Einsatzmitteln leisten zu können. Die einzige Lösung heißt hier, mehr Milch zu produzieren.

Diese Gleichung ist den Johanssons wohlvertraut und führte auch zu ihrem Entschluss, mehr zu investieren. Zugleich erwogen sie zwischenzeitlich auch, einen anderen Weg einzuschlagen, auf ökologische Landwirtschaft umzustellen und sich mit 65 bis 70 Kühen zu begnügen.

»Doch das ist im Moment keine Option. Die Differenz würde sich preislich nur auf 80 Öre (neun Cent – Anm. d. Ü.) belaufen«, so Arne.

Der schwedischen Landwirtschaft fällt es nicht so leicht, mit der internationalen Konkurrenz Schritt zu halten. Die Nahrungsmittelimporte nehmen ständig zu. Unser größter Exportschlager ist im Grunde norwegischer Lachs, den wir veredeln und weiterverkaufen. Das schwedische Fleisch hat es schwer, sich gegen die Konkurrenz von Rindfleisch aus Brasilien und Schweinefleisch aus Dänemark durchzusetzen und der schwedische Käse steht unter dem Druck der Holländer, Finnen und Dänen.

Die größten Auswirkungen auf die Johanssons und alle anderen schwedischen Milchbauern hat jedoch der Weltmarktpreis. Obwohl der globale Handel mit Milchprodukten nur ein geringes Volumen hat, nicht mehr als sechs Prozent der produzierten Milch umfasst und der gesamte Import von Milchprodukten in Schweden im Verhältnis zur schwedischen Produktion niedrig ist, bestimmt dennoch der Weltmarktpreis das Preisniveau. Ein Preis, der im Wesentlichen auf den Auktionen des multinationalen neuseeländischen Molkereiunternehmens Fonterra bestimmt wird.

Aber man kann nicht nur dem Wettbewerb auf dem internationalen Markt die Schuld geben, der Strukturwandel geht schon länger vor sich und ist durch die untereinander im Wettbewerb stehenden Bauern, die technologischen Fortschritte und die Politik forciert worden.

Ende der 1940er Jahre wurde eine Landwirtschaftspolitik lanciert, die eine starke Rationalisierung zur Folge hatte. Man könnte es fast als Flurbereinigung kleiner landwirtschaftlicher Betriebe bezeichnen. Nach dem Zweiten Weltkrieg waren Schweden und andere Länder von einer autarken Nahrungsmittelversorgung besessen. Der Ertrag sollte gesteigert, die Lebensbedingungen der Bauern verbessert und den Verbrauchern qualitativ hochwertige Erzeugnisse zu niedrigen Preisen garantiert werden.

Das Ende der Kleinbetriebe? In Schweden gaben rund 200.000 landwirtschaftliche Betriebe zwischen 1930 und 2010 auf. Zwischen 1944 und 1999 verschwanden nahezu drei Viertel aller Bauernhöfe und beinahe ein Drittel des Ackerlandes.

In Schweden gab es zu jener Zeit noch viele Kleinbetriebe, die so klein waren, dass sie ihre Erzeuger nicht ernähren konnten – diese Situation kennt man heute aus Indien und aus Teilen Afrikas. In Schweden wurde die Landwirtschaft in drei Gruppen eingeteilt – Nebenerwerbslandwirtschaft, Basislandwirtschaft und Normlandwirtschaft. Die Basislandwirtschaft mit zehn bis 20 Hektar wurde zunächst als eine Größe angesehen, die ausreichen musste, um eine Familie zu ernähren, doch das genügte bald nicht mehr und es wurde dazu eine Normlandwirtschaft mit 20 bis 30 Hektar erforderlich.

Das führte dazu, dass viele Kleinbetriebe aufgegeben, verpachtet oder verkauft wurden. Bis Ende der 1980er Jahre konnte ein Landwirt nicht selbst entscheiden, an wen er sein Land verkaufen wollte. Das Landwirtschaftsgremium, der verlängerte Arm des Staates, entschied, wer sich am besten dafür eignete, den Hof zu übernehmen. Den Auserwählten wurden günstige Kredite und Investitionshilfen gewährt und sie bekamen Vorrang beim Erwerb von Ländereien.

Doch nicht nur die landwirtschaftlichen Betriebe wurden beim Aufbau des modernen schwedischen »Volksheims«, wie die Schweden ihren in den Jahren 1930 bis 1940 aufgebauten Wohlfahrtsstaat nannten, aussortiert. Regionale Getreidesorten, die angeblich wenig Ertrag abwarfen, und heimische Nutztierrassen, die nicht genügend Fleisch, Milch oder Eier produzierten, mussten ebenfalls weichen. Dass es heute noch Linderödsschweine gibt, liegt daran, dass ein paar halsstarrige Bauern dem Verlangen des Staates nicht nachkamen und ihre Schweine versteckten.

Die Rationalisierung wird jetzt durch den Wettbewerb und den technischen Fortschritt vorangetrieben. Die Landwirtschaft ist immer einseitiger und spezialisierter geworden, nicht nur innerhalb der landwirtschaftlichen Betriebe, sondern auch aus geografischer Sicht. Im südschwedischen Schonen gibt es viele Schweinefleischerzeuger, Gemüseanbaubetriebe und Milchbauern. In Ost-Småland und in der Provinz Göteborg ist der Besatz an Kühen ebenfalls hoch, Getreideanbau findet vor allem auf den weiten Flächen der Mittelschwedischen Senke, der fruchtbaren Kornkammer des Landes statt.

Dieselbe Entwicklung begegnet uns in den weiterverarbeitenden Betrieben; dort ging die Anzahl der Molkereien, Getreidemühlen und Schlachthöfe immer weiter zurück und hat Großbetrieben Platz gemacht. In den Jahren 1934/35 gab es noch 1.600 Molkereien, 2008 waren es nur noch 35. Auf das Konto der schwedischen Scan AB gehen heute mehr als die Hälfte aller schwedischen Schlachtungen und der *Arla*-Konzern kontrolliert etwa 60 Prozent des Milchmarkts.

Das asphaltierte Erdbeerfeld

Die Landwirtschaft von Eva und Göran Göransson vom Västragård in Burlöv in Schonen war rentabel. Doch dann wurden sie von anderen Marktkräften überrollt. Auf dem Land, das sie von der Gemeinde gepachtet und seit 1986 bewirtschaftet hatten, befinden sich heute eine Autobahn und das Einkaufszentrum Stora Bernstorp.

»Eigentlich erschien uns die Zukunft rosig. Wir hatten viele harte Jahre in die Vermarktung investiert und waren drauf und dran, nun die Früchte unserer Arbeit zu ernten«, sagt Göran Göransson.

Sie bauten Getreide und Zuckerrüben an, dazu auf 25 Hektar Gemüse, das sie in ganz Schonen bekannt gemacht hatte. In den letzten Jahren besuchten 10.000 Kunden pro Jahr ihren Hofladen, und Eva und Göran Göransson sahen gute Chancen dafür, den Direktverkauf noch weiter auszubauen. Die Lage ihres Hofes war ausgezeichnet, nahe an den Verbrauchern in einer dicht besiedelten Region.

»Die Lage war unser größter Vorteil und, wie sich herausstellen sollte, auch unser größter Nachteil«, sagt Göran Göransson.

Dort, wo sich früher ihr Erdbeerfeld befand, liegt heute der schwedische Hauptsitz des Fertigungsmaschinenherstellers Jungheinrich. Ein paar hundert Meter entfernt steht immer noch der Wirtsbaum, den Görans Vater gepflanzt hat, als er 1924 den Hof bezog. Der ehemalige große Bauernhof Stora Bernstorp, welcher der Gegend den Namen gegeben hat, ist heute zwischen Einkaufszentrum und Industriegebiet eingepfercht. Das alles scheint wie ein schlechter Scherz.

Eva arbeitet heute als Sachbearbeiterin und Göran ist Berufsschullehrer in einer Landwirtschaftsschule.

»Uns blieb nichts anderes übrig, als uns andere Arbeit zu suchen. Hier gab es kein Land mehr«, so Eva.

Am selben Tag, als wir die Göranssons besuchen, rollen Bagger und Lkws auf das letzte Stück Ackerland, auf dem das erntereife Korn steht. Man muss kein Landwirt sein, um zu verstehen, wie ungeheuer provokant es ist, Zeuge davon zu werden, wie ein Getreidefeld ausgehoben und abtransportiert wird, vor allem, wenn es sich um Ackerboden handelt, der zu den fruchtbarsten in ganz Schweden gehört. Hier soll nun Platz für die neue Subaru-Niederlassung geschaffen werden.

Dieses Beispiel verdeutlicht einen der zahlreichen Konflikte, die sich zwischen Stadt und Land, zwischen Nahrungsmittelproduktion und städtischer Bebauung oder – wie in diesem Fall –

zwischen Getreide und Fahrzeugen abspielen. In Europa verschwinden täglich etwa 300 Hektar landwirtschaftliche Nutzfläche unter Asphalt. Den Zahlen des schwedischen Landwirtschaftsministeriums zufolge mussten in den Jahren 1996 bis 2005 rund 3.400 Hektar Agrarflächen, vor allem Ackerland, Neubauten und Straßen weichen. Die Geschwindigkeit, mit der die Vernichtung von Agrarflächen vor sich geht, hat ebenfalls zugenommen. Im Jahr 2005 wurde dreimal soviel Nutzfläche wie 1996 verbaut.

In Schonen tritt dieser Konflikt vielleicht am deutlichsten zutage – was nicht erstaunlich ist, da die Region zum einen dicht besiedelt, zum anderen eine bedeutende Landwirtschaftsregion ist. Aus diesem Grund hat die Provinzregierung vorgeschlagen, alle Neubauten auf Ackerland zu stoppen, ein Vorschlag, den die Umweltbewegung begrüßt, der aber von einzelnen Gemeinden kritisiert wird, da dies für einen Eingriff in die Selbstverwaltung gehalten wird. Wie es in dieser Frage weitergeht, ist zum jetzigen Zeitpunkt nicht absehbar.

»Was mich während des ganzen Vorgangs erstaunt hat, ist die von Architekten und Leuten aus der Baubranche vertretene Meinung, dass man den Boden einfach so wiederherstellen könne, wenn man hier wieder Landwirtschaft betreiben wollte. Was haben die eigentlich gelernt?«, fragt Eva.

Ständig neue Wege für den Öko-Pionier

Auf der Halbinsel Vikbolandet östlich von Norrköping grübelt Per-Gunnar Gunnarsson viel darüber nach, welche Zukunft uns erwartet. Jetzt hat er mehr Zeit dafür, nachdem sein Sohn Thomas Gunnarsson die Geschäfte auf dem Hof Sänkadalen übernommen hat, einer der ersten Biohöfe im Land.

In den 40 Jahren, in denen Per-Gunnar nun ökologische Landwirtschaft betreibt, hat es große Veränderungen gegeben. Viele landwirtschaftliche Betriebe in der Umgebung wurden aufgegeben, aber Sänkadalen ist gewachsen und gehört heute zu den größten des Landes. Per-Gunnar hat damals aus einer ideologischen Überzeugung heraus mit 32 Hektar und 40 Kühen angefangen. Sein Sohn Thomas bewirtschaftet heute 500 Hektar und besitzt 130 Milchkühe sowie 300 Jungtiere. Der Betrieb rechnet sich, macht einen Umsatz von umgerechnet 1,3 Millionen Euro und hat sieben Angestellte. Der größte Unterschied zu damals macht sich jedoch darin bemerkbar, dass Sändkadalen eine andere Position in der Lebensmittelkette eingenommen hat und heute nicht nur Lieferant, sondern auch Verarbeitungsbetrieb und Händler ist.

Der erste Schritt in diese Richtung erfolgte vor fünf Jahren, als sich die Gunnarssons dafür entschieden, Raps anzubauen, um nicht länger Soja als Proteinfutter für die Kühe einführen zu müssen, was für sie nicht mit ökologischer Landwirtschaft vereinbar war. Infolgedessen begannen sie damit, selbst Rapsöl zu pressen und es an die Verbraucher zu verkaufen. Die Pressreste, der sogenannte Rapskuchen, ist hervorragendes Futter für die Kühe.

> »Die ökologische Landwirtschaft wird die Klimafrage nicht lösen, aber sie wäre ein Schritt in die richtige Richtung.«

»Wir wollten eigentlich nur Rapskuchen produzieren, sind aber erfreut über den guten Verkauf des Öls und den Kontakt zu den Verbrauchern. In der Veredelung liegt die Zukunft«, sagt Thomas.

Deshalb gründeten die Gunnarssons vor zwei Jahren auch eine eigene Speiseeisproduktion auf Basis ihrer Milch und die kleine Eisfabrik auf dem Hof hat es auch ermöglicht, ihre Milch nun direkt an die Geschäfte zu verkaufen. Daneben gibt es Pläne, das eigene Getreide selbst zu Mehl zu mahlen und das Fleisch der Stierkälber zu verkaufen, die auf dem Hof aufgezogen werden. Vor kurzem hat sich eine Schlachterei im Vikbolandet niedergelassen, die es Sänkadalen ermöglichen würde, in Zukunft ihr eigenes Fleisch zu verkaufen.

Als Per-Gunnar mit der Biolandwirtschaft anfing, waren die ersten Ernten miserabel. Damals gab es noch keine Erfahrungen mit ökologischer Landwirtschaft im Agrarland Schweden und keine Berater. Heute kommt während der Vegetationsperiode mehrmals ein betriebswirtschaftlicher Berater und der Ernteertrag liegt bei 80 Prozent der Standardernte in Östergötland. Die Entwicklung neuer Technologien und Anbautechniken ist auch weiter fortgeschritten, aber es gibt nach Ansicht von Per-Gunnar immer noch vieles, das weiterzuentwickeln wäre.

»Der Energieaspekt ist wichtig. Wir haben lange darüber nachgedacht, Biogas aus Viehdung und Gras zu produzieren, aber es ist nicht so einfach, das rentabel zu gestalten«, erklärt Thomas.

»Ich finde, die jetzt im Vikbolandet ergriffene Biogas-Initiative interessant. Biogas eignet sich am besten als Kraftstoff für Fahrzeuge und es ist schwer, so etwas auf einzelbetrieblicher Basis zu betreiben«, fügt Per-Gunnar hinzu.

Die Herstellung von Biogas bietet der Landwirtschaft die Möglichkeit, ihre Klimabilanz zu verbessern. Es existieren unterschiedliche Angaben darüber, wie hoch die Klimabelastung ist, die im Laufe der Produktion unserer Nahrung vom Acker bis auf den Teller entsteht. Der UN-Klimakonferenz zufolge sind 14 Prozent aller weltweiten Emissionen der Landwirtschaft zuzuschreiben (in diese Zahl ist jedoch nicht die Nutzung fossiler Energie, weder für Traktoren, Getreidetrockner oder die Produktion von Kunstdünger eingeflossen).

Die ökologische Landwirtschaft mindert die Klimabelastung durch einen geringeren Energieverbrauch, durch geringere Emissionen von Lachgas, N_2O, aber auch dadurch, dass sie mehr Kohlenstoff im Boden bindet. Eine Ausweitung des Ökolandbaus wäre auch eine Strategie, um durch größere Vielfalt und einen höheren Humusgehalt im Boden (wodurch er unter anderem mehr Wasser speichern kann) besser mit Klimaveränderungen fertigzuwerden. Die ökologische Landwirtschaft löst nicht die Klimafrage, aber sie wäre ein Schritt in die richtige Richtung.

In Schweden ist Lachgas das bedeutendste Treibhausgas, welches die Landwirtschaft produziert. Zurückzuführen ist dies auf den verstärkten Einsatz von stickstoffhaltigen Kunstdüngern. Bei globaler Betrachtung ist Lachgas zur Hälfte an der Gesamtheit der Treibhausgasemissionen der Landwirtschaft beteiligt, gefolgt von den Methanemissionen der Wiederkäuer (Kühe, Schafe und Ziegen). Landnutzungswechsel, vor allem solche von Wald- in Ackerland, tragen ebenfalls zu einer Nettofreisetzung von klimarelevanten Gasen bei, da es zum Abbau von Humus kommt. In Amerika haben die Böden seit Beginn ihrer Bewirtschaftung mehr als die Hälfte ihres organischen Materials eingebüßt, der Großteil davon ist in Form von Kohlendioxid in die Atmosphäre entwichen. Ein Extremfall in Schweden und anderen nördlichen Ländern sind die Moorböden, die fast ausschließlich aus organischem Material bestehen und in der Vergangenheit der landwirtschaftlichen Nutzung geopfert wurden. Doch damit nicht genug. Der weitere Weg der Nahrungsmittel verursacht weitere Emissionen, vor allem während des energieintensiven Transports und der Lagerung.

In Zukunft will Thomas auch Gülle und Mist effektiver nutzen und wünscht sich eine Weiterentwicklung von Maschinen und Anbautechniken. Eine Schwäche in der ökologischen Landwirtschaft besteht für ihn darin, dass Biobauern mehr eggen und pflügen müssen, um das Unkraut in Schach zu halten.

»Mechanische Verfahren zur Unkrautbekämpfung zwischen den Pflanzreihen wären für uns interessant, weil wir dann den Boden nicht so malträtieren müssten«, so Thomas.

Sorgen macht ihnen vor allem die Bodenverdichtung. Die Gunnarssons sehen, dass das Wasser auf ihren Feldern schneller als bei den Nachbarn versickert, was darauf hindeutet, dass ihr Boden nicht so stark wie der der anderen verdichtet ist, doch selbst die Maschinen der Gunnarssons sind schwer.

Thomas hätte auch gern, dass seine Kühe mehr Gras in Form von Heu oder auf der Weide fressen, weil eine Kuh naturgemäß Gras und nicht Getreide fressen sollte. Schon heute ist in den Qualitätskriterien der Bio-Siegel festgeschrieben, dass ökologisch gehaltene Kühe einen höheren Grünfutteranteil als ihre konventionell ernährten Pendants bekommen sollen, aber Thomas will noch einen Schritt weitergehen. Das ist auch ein wenig der Leidenschaft seines Vaters geschuldet. Per-Gunnar war einer der Initiatoren eines Forschungsprojekts, das die bessere Zusammensetzung an Fettsäuren bei Biomilch nachwies, was damit begründet wurde, dass die Kühe mehr Grünfutter fressen.

»Brauchen Länder wie Schweden oder Deutschland überhaupt noch eigene Bauern?«

»Aber diese Qualität muss auch bezahlt werden. Wir haben viele Jahre von der Ideologie gelebt, aber das ist langfristig gesehen nicht ausreichend, dafür muss sich das Ganze auch wirtschaftlich lohnen. Und dafür sind Ideologie *und* Ökonomie nötig«, sagt Thomas.

Wir setzen uns zu Tisch und nehmen eine Mittagsmahlzeit zu uns, deren Zutaten allesamt vom Hof stammen – das Fleisch von den Freiland-Schweinen, die Per-Gunnars Hobby sind, die Kartoffeln und das Gemüse aus dem eigenen Anbau.

»Lieber Gott, sei unser Gast, segne, was du uns bescheret hast. Amen.«

So wie es für Per-Gunnar selbstverständlich ist, ein Tischgebet zu sprechen, so selbstverständlich hat sein Glaube vor 40 Jahren eine große Rolle bei seiner Entscheidung gespielt, Biobauer zu werden. Seine Nachbarn fanden es seltsam, dass er mit der sogenannten modernen Landwirtschaft mit Kunstdünger und Pestiziden brach, bevor sie überhaupt richtig in Gang gekommen war. Auf Sänkadalen gibt es noch Land, das noch nie gespritzt wurde.

Für Thomas stehen immer noch dieselben Prinzipien wie zu der Zeit, als sein Vater den Hof zu bewirtschaften begann, im Vordergrund, nämlich den Betrieb so natürlich wie möglich zu führen. Deshalb betreibt der Hof sowohl Viehhaltung als auch Pflanzenbau und eine sechsjährige Fruchtfolge mit Feldbohnen und Gras, durch die Nährstoffe im Boden gebunden werden, wird mit dem Anbau von Getreide und Raps kombiniert.

Gerade die Trennung von Viehhaltung und Pflanzenbau hält Per-Gunnar für einen der größten Systemfehler der heutigen Landwirtschaft, weil dies eine ungleichmäßige Verteilung von Nährstoffen (Dung) bedeutet. Als wir an den Feldern seines Nachbarn vorbeifahren, auf denen der erntereife Weizen steht, bemerkt Per-Gunnar:

»Sehen Sie sich das an, das sieht alles sehr adrett und gepflegt aus, nicht das geringste Unkraut ist zu sehen, aber was steckt dahinter? Zuerst spritzt man alles kaputt und dann verwendet man Kunstdünger, um es wieder zum Leben zu erwecken, statt den Mikroorganismen eine Chance zu geben. Die leiden schließlich darunter und bekommen dadurch auch keine Nahrung, anders als wenn man Viehdung ausbringen würde.«

Während auf manchen Agrarbetrieben Tiere fehlen, gibt es in anderen schwedischen Regionen zu viele Tiere und damit zu viel Dung.

»Wir haben genügend Flächen, um unseren Viehdung darauf zu verteilen, aber im Grunde bin ich der Meinung, dass ein Biobetrieb nicht so viele Kühe haben sollte, das wird zu groß. Als Rentner, der seine Schäfchen im Trockenen hat, kann ich das natürlich leicht behaupten, aber ich finde trotzdem, dass Viehhaltung und

Pflanzenbau in einem ausgewogenen Verhältnis stehen müssen.«
Per-Gunnar sorgt sich um die Zukunft. Er glaubt, wir stünden,
wie er es treffend nennt, vor einer gewaltigen »Umwelt-Nahrungs-
mittelkrise«.

»Es gibt keine starken Kräfte, die in die richtige Richtung wirken. Wir werden nicht alles besser machen können, aber wir können daran arbeiten, die Not zu lindern, die sicher kommen wird.
Der Boden verarmt immer mehr, und das gilt auch für unsere
Nahrung«, sagt Per-Gunnar.

Hallerud, Västragård und Sänkadalen – drei landwirtschaftliche
Betriebe, die etwas über die heutige Entwicklung aussagen. Arne
Johansson ist der letzte Bauer in der Gegend, und obwohl er dem
landwirtschaftlichen Mainstream folgt, ist jeder Tag aufs Neue
ein Kampf ums Überleben. Thomas Gunnarsson hat den kleinen
Biohof zu einem großen, rentablen Betrieb ausgebaut, spürt aber
trotzdem den wirtschaftlichen Druck und versucht ihm und der
auf Masse angelegten Produktion durch Veredelung zu entkommen. Eva und Göran Göransson hatten einen rentablen Betrieb,
mussten aber für eine Autobahn und ein Einkaufscenter das Feld
räumen.

Eine Frage drängt sich auf – brauchen Länder wie Schweden
oder Deutschland überhaupt eigene Bauern? Offensichtlich fällt
es ihnen schwer, sich auf dem internationalen Nahrungsmittel-
markt zu behaupten, von dem sie ein Teil sind, also wozu brauchen wir überhaupt noch Landwirte? Wir haben keine Textil- oder
Schiffsbauindustrie mehr und bald auch keine Autoindustrie.
Warum sollten wir ausgerechnet bei der Landwirtschaft nostal-
gisch werden?

Wenn unsere Nahrung in einem anderen Land effektiver, rationeller und billiger produziert werden kann, könnten wir wie Japan oder Saudi-Arabien den Großteil unserer Nahrung importieren. Warum über »ungemolkene Milch« heulen?

Kapitel VII

Die Diktatur des Geldes

*Von Indien nach Amerika, von Juruena in
Brasilien nach Kila in Värmland haben uns alle
unsere Besuche eine gemeinsame Erkenntnis
vermittelt: Einerseits verdient fast niemand in
der Landwirtschaft nennenswerte Summen,
auf der anderen Seite ist es doch das Geld, das
alles bestimmt. Ein knallharter Wettbewerb
und die globalen Handelsströme, die von Großunternehmen dominiert werden, verlangen
ständige Rationalisierungen.*

Alles hängt vom Preis ab –
niemand macht Gewinn

»Vier Jahre hatten sie jetzt in Karpamoen gesessen, und heute waren sie um mehrere hundert Reichstaler ärmer als an dem Tage, an dem sie angefangen hatten. Vier Jahre lang hatten sie hier nur ihre Jugendkraft vertan. Wenn sie blieben, müßten sie es weiter tun, sich weiter abmühen, bis sie weder Hände noch Füße rühren konnten, bis sie zum Schluß erschöpft und ermüdet und lahm und gebrechlich hier säßen. Dann aber würde ihnen niemand danken, daß sie sich völlig nutzlos zuschandengearbeitet hatten.« [*]

Die Auswanderer, Vilhelm Moberg

Um zu begreifen, in welcher Lage sich das ärmste Drittel der Menschheit befindet, lohnt es sich, einen Blick zurückzuwerfen. Früher lebten die Ärmsten in Schweden auf dem Land, und viele von ihnen waren Bauern. Ihre Kinder starben den Hungertod, so wie Karl Oskars und Kristinas kleine Anna in Vilhelm Mobergs Auswanderer-Epos. Und das, obwohl Karl Oskar und Kristina Landeigentümer und keine Kötter, Tagelöhner oder Häusler wa-

---

[*] Vilhelm Moberg: Die Auswanderer. Büchergilde Gutenberg, Frankfurt am Main/Wien 1992, Übersetzung von Dietrich Lutze, S. 145.

ren, wie viele der Allerärmsten, die sich eine Reise über den Atlantik niemals hätten leisten können. Eine Reise, die Karl Oskars und Kristinas einzige Hoffnung für eine aussichtslose Lage war, in der sie ständig Schulden machen mussten und es ihnen an Ressourcen fehlte, um ihren Hof weiter zu bestellen.

Die Lage der Kleinbauern in den heutigen Entwicklungsländern ist mit ihrer Situation vergleichbar. Die meisten Armen leben auf dem Land, viele von ihnen sind Bauern oder arbeiten in der Landwirtschaft und bei denen, die hungern, sieht es ähnlich aus, auch darunter sind viele Bauern. Es wurden schon Regalmeter von Büchern darüber geschrieben, wie man eine nachhaltige Entwicklung herbeiführen kann, wie die Lebensbedingungen der armen Landbevölkerung allgemein verbessert werden können und vor allem ihre Ernährung langfristig sichergestellt werden kann. Dabei geht es sowohl um direkte als auch um indirekte Maßnahmen. Welchen Weg sollte man einschlagen, welcher bringt Fortschritte? Gibt es überhaupt einen Weg? Gibt es nur einen oder mehrere?

Die Sichtweise auf die Lage der Bauern ist höchst unterschiedlich. Manche finden, dass es nötig sei, die Selbstständigkeit der Kleinbauern zu fördern, und treten für Selbstversorgung und wenig oder gar keinen Einsatz von zugekauften Fremdstoffen wie Kunstdünger und Pestizide ein. Andere wiederum sind der Meinung, dass die Kleinbauern nur als Marktteilnehmer ihr Einkommen steigern und dadurch ihren Lebensstandard erhöhen können. Kultur, Sicherungssysteme und Sitten und Gebräuche der Kleinbauern haben sich mit dem Produktionssystem herausgebildet; die Art, wie sie produzieren, und ihr Lebensraum sind auf eine Weise eng miteinander verknüpft, die ihnen Sicherheit und Stabilität schenkt, so wie es seit Generationen in den alten Bauerngesellschaften auch in Deutschland oder Schweden der

Fall war. Wenn eine auf die Bedürfnisse des Marktes ausgerichtete Landwirtschaft etabliert wird, können die Bauern nicht einfach nur einen größeren Teil ihrer Erzeugnisse verkaufen. Dies bringt ebenfalls weitreichende Veränderungen bezüglich der Produktion, des Verbrauchs, der Sozialstruktur, ja bezüglich ihres ganzen Lebens mit sich. Deshalb gibt es gute Gründe dafür, Skepsis walten zu lassen, wenn der Markt als einzig gangbarer Weg genannt wird. Anderseits gibt es auch gute Gründe dafür, den Markt und die Chancen, die er bietet, zu sehen.

> »Sie haben nichts anderes als ihre Muskelkraft, um mit dem Öl zu konkurrieren.«

Mit der vorhandenen Technik können die meisten Bauern in den armen Ländern des Südens ihre Erzeugnisse produzieren, aber es fehlt ihnen an Absatzmöglichkeiten. Verschafft man ihnen Zugang zum Markt, könnten sie ihr Einkommen wesentlich erhöhen, was ihnen wiederum neue Investitionen ermöglicht. Auf diese Weise wurde die Landwirtschaft in den heute wohlhabenden Ländern entwickelt. Diese Strategie war ebenfalls erfolgreich, um Kleinbauern Zugang zum Biomarkt zu ermöglichen, wie unser Beispiel aus Uganda gezeigt hat. Hochwertige Produkte für den Export werden jedoch ausschließlich die bereits ressourcenstarken Bauern erzeugen können. Das wird deutlich an der kenianischen Blumen- und Gemüseproduktion, die ganz und gar von den Großhandelsunternehmen und ihrem Heer an Angestellten dominiert wird. Für die Kleinbauern bestehen bessere Chancen, sich die lokalen und regionalen Märkte zu erschließen – doch im angesprochenen Beispiel behindern Armut und der Mangel an lokaler Kaufkraft die Marktentwicklung und damit den Weg der Bauern aus der Armut.

Es gibt viele Hindernisse für Kleinbauern, die kommerzielle Bauern werden wollen. Unsicherheitsfaktoren, ob sie nun mit dem Wetter, den Landrechten, der wirtschaftlichen Situation des Landes, Währungskursen, Preisschwankungen, politischen Unruhen oder der persönlichen Gesundheit zu tun haben, machen es schwer, etwas zu wagen, und fast unmöglich, Kredite zu bekommen. Armut führt oft in einen Teufelskreis aus unzureichender Ernährung, angeschlagener Gesundheit, niedriger Produktivität, Kapitalmangel und geringem Einkommen.

Die Möglichkeiten der heutigen Kleinbauern, am Marktgeschehen zu partizipieren, sind auch nur schwerlich mit der Situation unserer Vorfahren vergleichbar. Die internationale Konkurrenz ist heute sehr viel größer als vor 100 Jahren, als die Bauern der europäischen Länder erste Schritte hin zur Modernisierung wagten. Sie waren über weite Strecken durch Zölle und aufgrund von Kriegen und der Weltwirtschaftskrise geschlossenen Grenzen vor dem Wettbewerb aus anderen Ländern geschützt. In früheren Zeiten waren auch die Transportkosten sehr viel höher. Heute fällt es den Kleinbauern der Welt immer noch schwer, im Wettbewerb mit größeren Erzeugern aus den USA, Argentinien, Frankreich oder Dänemark zu bestehen. Durch preiswertere und schnellere Lieferungen und zunehmend offenere Märkte konkurrieren heutzutage Kleinbauern wie die Familie Mkandawire aus Sambia mit ihrem halben Hektar Mais mit Großkonzernen aus Mato Grosso, die ihre Erzeugnisse auf einer Nutzfläche anbauen, die 500.000 Mal so groß ist. Vereinfacht könnte man sagen, dass ihre Muskelkraft sich im Wettstreit mit dem Öl auf der anderen Seite des Atlantiks befindet. Und ganz gleich wie preisgünstig die Kleinbauern produzieren – das Öl müsste sich schon sehr verteuern, damit sie im Wettbewerb bestehen können. Unter dem herrschenden Konkurrenzdruck fällt es sehr schwer zu erkennen, wie sich die Familie Mkandawire mit ihrer Produktion aus der Armut befreien soll, vielmehr wirkt es, als würden sie ihre eigene Armut produzieren.

Erwerbstätige in der Landwirtschaft in Deutschland 1949 bis 2012

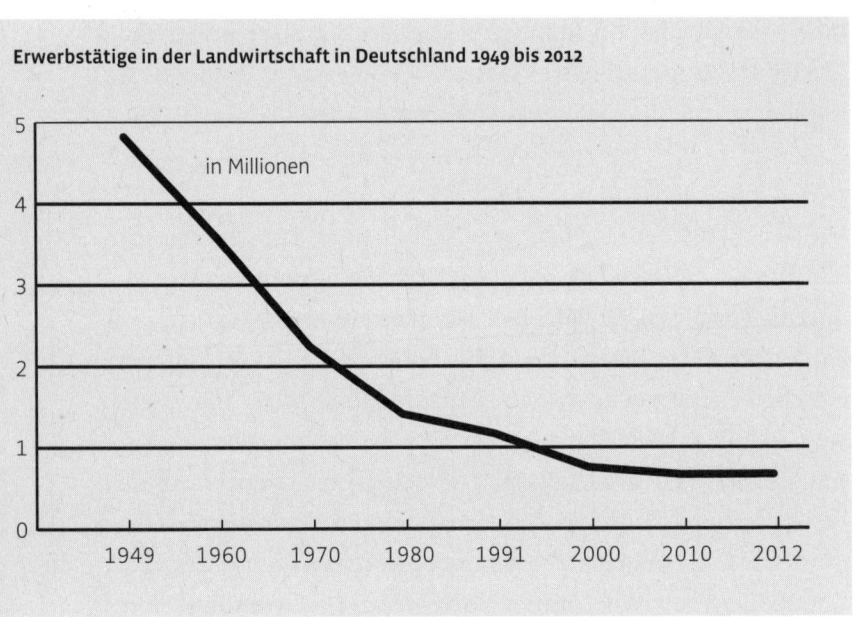

Um die Mitte des 20. Jahrhunderts waren in Deutschland noch fast fünf Millionen Menschen in der Landwirtschaft beschäftigt. Heute sind es nur noch knapp 670.000. Quelle: Situationsbericht 2013, Deutscher Bauernverband

Kommerzialisierung und Mechanisierung stellen eine Möglichkeit für das Überleben der Landwirtschaft dar, allerdings nicht für die Mehrheit der Bauern. Wenn der Ananasfarmer David Bumutonda in Uganda sagt, dass er Land hinzukaufen und ebenso viel Ananas wie zehn Farmer anbauen will, drückt er dadurch nicht nur einen persönlichen Wunsch aus, sondern er macht dadurch auch klar, dass er seine eigene Lage nur durch die Verdrängung anderer Bauern verbessern kann. Dasselbe Phänomen ließ sich in Kila in Värmland feststellen, wo es heute nur noch einen von ehemals zehn Bauernhöfen gibt. Wenn es den Bauern in den armen Ländern gelingen sollte, ihre Produktion zu kommerzialisieren und effektiver zu gestalten, wird die Zahl der Kleinbauern stark zurückgehen. Das wäre weniger schlimm, wenn es in diesen Ländern eine wachsende Industrie oder andere Sektoren gäbe, die sich um die Arbeitskräfte reißen würden. Aber in weiten Teilen Afrikas beispielsweise, gibt es so etwas nicht.

Die Produktion kann gesteigert und die Armut der Bauern verringert werden, wenn man ihnen Land zukommen lässt, denn erst dann lohnen sich Investitionen in die Landwirtschaft. Alleinbesitz von Land ist dabei nicht immer von Vorteil, es gibt viele Beispiele, die darauf hinweisen, dass gemeinschaftlicher Landbesitz besser funktioniert. Der Prozess der Privatisierung führt oftmals dazu, dass Frauen, Menschen in Armut oder Minderheiten leer ausgehen, denn lokale Eliten sorgen nicht selten dafür, sich bei der Landverteilung an Investoren zu bereichern. Den Armen einen sicheren Zugang zu Wasser und anderen Naturressourcen, wie zum Beispiel zu gutem Saatgut, zu ermöglichen, ist eine weitere Maßnahme, die Lage der armen Bevölkerung zu verbessern, aber wie wir gesehen haben, geht der weltweite Trend in die entgegengesetzte Richtung. Allmenden werden privatisiert, Land wird aufgekauft. So wie die natürlichen Ressourcen mit einem Preisschild versehen werden, so mutieren natürliche Ressourcen und Ökosystemleistungen selbst zur

Handelsware. Eine Entwicklung, von der die Armen dieser Welt selten oder nie profitieren.

Ende der 1980er Jahre und in den 1990ern setzten viele Entwicklungsländer auf Deregulierungen ihrer Landwirtschaft, weil Kreditgeber und Förderer wie der Internationale Währungsfonds, die Weltbank und die westlichen Regierungen nur unter dieser Voraussetzung Hilfsgelder zahlten. Dadurch wurden die afrikanischen Bauern einer knallharten internationalen Konkurrenz ausgesetzt, ohne von Beihilfen zu profitieren, wie sie die meisten ihrer Konkurrenten erhielten. In den letzten Jahren sind die Subventionen für die Landwirtschaft in den Industrieländern leicht zurückgegangen, belaufen sich jedoch noch immer auf etwa 20 Prozent des Produktwertes. Wie sollen die afrikanischen Bauern jemals damit konkurrieren können? Um die Jahrtausendwende klagten Baumwollerzeuger in Burkina Faso gegen die von den USA gezahlten Subventionen an ihre eigenen Erzeuger, die damals 1,75 Milliarden Dollar jährlich ausmachten – eine Summe, die einem Siebtel des Bruttosozialprodukts von Burkina Faso entsprach. Gleichzeitig überschwemmten Hühner aus der EU die westafrikanischen Märkte und verdrängten die lokale Geflügelproduktion und darüber hinaus die Maisproduktion, weil der Mais das Futter für die heimische Geflügelzucht darstellte. 2009 litten die europäischen Bauern unter den niedrigen Milchpreisen und die EU subventionierte den Export von Milchpulver. Das verdarb in vielen anderen Ländern den Preis und schadete so der dortigen Milchproduktion.

Ende der 1980er Jahre hatten die Entwicklungsländer durch die Nahrungsmittelbranche eine leicht positive Handelsbilanz. Zwanzig Jahre später schreiben dieselben Länder ein Defizit von 34 Milliarden Dollar. Und das, obwohl sich die Entwicklungsländer weitestgehend auf die Produktion teurer Erzeugnisse wie Kaffee, Tee, Früchte, Blumen und Gemüse konzentriert haben, die mittlerweile 47 Prozent aller landwirtschaftlichen Exporte ausmachen. In manchen Fällen waren die Deregulierungen vorteilhaft. Die vielen staatlichen Regulierungen der Landwirtschaft in den afrikanischen Ländern öffneten der Korruption Tür und Tor. Ineffektive halbstaatliche Genossenschaften oder Konzerne verringerten die Margen der Bauern, während private Initiativen vereitelt oder einfach verboten wurden. Erfahrungen aus China zeigen, welche positiven Auswirkungen eine geringere staatliche Kontrolle der Landwirtschaft haben kann. Während der großen Hungersnot zwischen 1958 und 1961 kamen Millionen von Menschen ums Leben. Die Landwirtschaft wurde reformiert, den Bauern wurden Landrechte gegeben und die Märkte wurden schrittweise, wenn auch nicht vollständig, gelockert. Zwischen 1978 und 1984 stieg die Getreideproduktion in China von 305 auf 407 Millionen Tonnen an. Die Entwicklungen in der Landwirtschaft erzeugten einen Überschuss an Arbeitskräften, die von der wachsenden Industrie aufgenommen werden konnten. Von 1981 an sank die Anzahl der unter Armut leidenden Chinesen von 53 auf acht Prozent im Jahr 2001 – die schnellste und stärkste Verringerung von Armut in der Menschheitsgeschichte.

Wirkungsvoll bei der Bekämpfung von Hunger haben sich auch verschiedene Arten von Sozialhilfe und individuellen Hilfsleistungen erwiesen. Brasiliens »Nullvision« für den Hunger ist ein gutes Beispiel dafür, dass auch weniger reiche Länder direkte

> »Es gibt mehr als einen Weg, um die Probleme der Unterernährung und des Hungers zu lösen.«

Subventionen einführen können, und viele der bitterarmen Länder haben angefangen, soziale Sicherungssysteme zu entwickeln. In den USA erhalten über 40 Millionen Menschen Unterstützung in Form von Essensmarken, obwohl sie eines der reichsten Länder der Welt und der größte Exporteur von Nahrungsmitteln ist. Um die Probleme des Hungers, der Unterernährung und des Hungertods zu lösen, gibt es nicht nur *einen* Weg. Man muss sich nur die historische Entwicklung in unseren wohlhabenden Ländern Europas anschauen, um das zu begreifen. Märkte, Demokratie, Abbau des Gefälles zwischen Arm und Reich, Gleichberechtigung, Meinungsfreiheit, Rechtssicherheit, Bildung und andere soziale Faktoren spielen eine weitaus größere Rolle als technologische Aspekte, die so häufig die Debatte über die Rolle der Landwirtschaft in der Armutsbekämpfung beherrschen.

Obwohl die Landwirtschaft nach wie vor von Millionen von Kleinbauern betrieben wird, und es in der nächsten Zukunft wohl auch so bleiben wird konzentriert sich die Marktmacht in den Wirtschaftsbereichen, die der Landwirtschaft vor- und nachgeordnet sind, auf eine Handvoll Unternehmen. Die Landwirte werden sowohl von denjenigen, die ihnen ihre Waren und Dienste verkaufen, als auch von den Käufern ihrer Erzeugnisse unter Druck gesetzt. Dadurch haben wir als Verbraucher nur eine kleine Auswahl an Nahrungsmittellieferanten, steckt hinter dem breiten Angebot doch nur eine kleine Anzahl an Unternehmen. Große Supermarktketten beherrschen den Lebensmittelmarkt nicht nur in den Industrieländern, sondern mittlerweile auch in den sogenannten Schwellenländern. Gigantische Einkaufszentren in Lateinamerika oder China lassen einen deutschen, französischen oder schwedischen Supermarkt wie einen Tante-Emma-Laden aussehen. In Schweden ist die Handelskonzentration täglicher Verbrauchsgüter größer als in den meisten anderen Ländern, hier teilen sich die größten drei Handelsketten etwa 90 Prozent des Umsatzes.

Die harten Bedingungen, die die Ketten ihren Zulieferern bezüglich Standardisierung, Mengen und Preisen aufzwingen, sowie die gestiegenen Ansprüche der Gesellschaft in Sachen Umweltverträglichkeit, Arbeitsschutz oder Hygiene wirken selbstverständlich auf die Produktion der Lebensmittel zurück. Ob unsere Nahrung dadurch sicherer oder gar besser geworden ist, sei dahingestellt, aber es liegt auf der Hand, dass so der Strukturwandel forciert und die globale Ernährung immer ähnlicher wird.

Auch unter den Unternehmen, die Saatgut, Düngemittel und Pestizide verkaufen, ist die Marktkonzentration groß. Der internationale Marktanteil der vier größten Saatgutunternehmen lag 2007 bei 53 Prozent, bei den Erzeugern von Pestiziden bei 60. Mehrere dieser Konzerne, wie Monsanto, Dupont, Syngenta und Bayer, stellen sowohl Saatgut als auch Pestizide her. Monsanto kontrollierte 2007 91 Prozent des Marktes mit genmanipuliertem Soja.

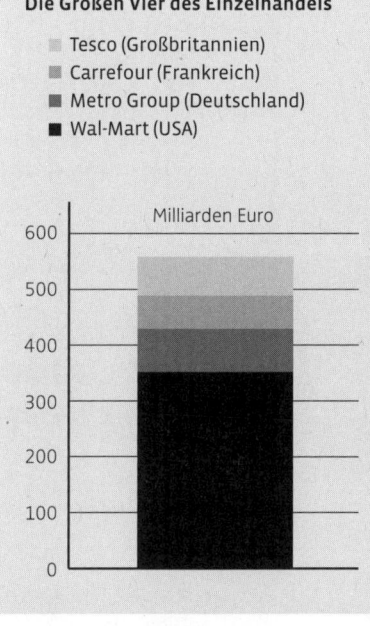

Die Großen Vier des Einzelhandels

- Tesco (Großbritannien)
- Carrefour (Frankreich)
- Metro Group (Deutschland)
- Wal-Mart (USA)

Milliarden Euro

600
500
400
300
200
100
0

Die vier größten Großhandelsketten der Welt (2013): Allein der Umsatz des Branchenführers Wal-Mart (352 Mrd. Euro) übersteigt das BIP der Schweiz oder Belgiens. Quelle: Wikipedia

Die Entscheidung darüber, welche Sorten und Pflanzen angebaut werden, wird immer weiter von den Bauern entfernt in den Managementetagen einer kleinen Zahl von Großunternehmen getroffen. Die Unternehmen haben von Gesetzen profitiert, welche den Erhalt von genetischer Vielfalt und den freien Zugang zu alten Sorten erschweren, und haben sich gleichzeitig Patente auf die neuen Sorten gesichert. Mit den Sorten, die gegen Roundup resistent sind, sind Kontrolle und Verdienst auf ein neues Niveau gebracht worden, denn nun werden die Landwirte gezwungen, jedes Bekämpfungsmittel und das komplette Saatgut für die jeweils nächste Produktion von ein und demselben Unternehmen zu beziehen.

Die Entscheidung darüber, welche Sorten und Pflanzen angebaut werden, wird in vielen Fällen nicht mehr von den Landwirten selbst getroffen.

Bei diesem Phänomen geht es nicht nur darum, dass Unternehmen in den Industrieländern die Bauern in den Entwicklungsländern aussaugen, derartige Konzentrationsprozesse findet man überall. So hat der brasilianische Fleischriese JBS große Teile der US-amerikanischen Fleischindustrie aufgekauft. Gemeinsam mit drei anderen Unternehmen kontrollieren sie in den USA 80 Prozent des Fleischmarktes. Drei Unternehmen in den USA wiederum kontrollieren 80 Prozent des Maisexports. Nicht nur die Landwirte, auch die Lebensmittelindustrie wird erpressbar. Auch hier macht sich die Konzentration bemerkbar. In Schweden teilen die drei größten Speiseöl-Unternehmen fast den ganzen Markt unter sich auf, die drei größten Molkereiunternehmen beherrschen 80 Prozent und die drei größten Getränke-, Obst- und Gemüseproduzenten 70 Prozent des Marktes.

Diese Entwicklung verändert nicht nur die Bauernschaft und unsere Ernährung. Die Konzentration der Lebensmittelketten spiegelt sich auch in der Landschaft wieder. Felder und Ställe werden größer, Bäche begradigt, Feldgehölze umgepflügt. Die Zahl der Weidegründe nimmt rasch ab, an Hühner, die wild gackernd über die Dorfstraße laufen, können sich nur noch unsere Großeltern erinnern. A propos Straßen: Sie schlängeln sich nicht mehr zwischen den Bauernhöfen dahin, bei denen man früher noch seine Milch abgeholt hat, sondern sind zu einem Transportkorridor geworden, auf dem wir an den Höfen ohne jegliche Kontaktmöglichkeit zu den Bauern, vorbeisausen. Und die Hühner? Die sind inzwischen in riesigen Hallen gut verstaut.

Die internationale Konkurrenz wird die Landwirtschaft und die Lebensmittelindustrie weiterhin prägen, derzeit scheint es zwei voneinander verschiedene Wege zu geben, darauf zu reagieren. Auf der einen Seite gibt es eine Entwicklung hin zu immer größeren Betrieben und zur Massenproduktion, um mit der ausländischen Produktion konkurrieren zu können. Auf der anderen Seite gibt es ein zunehmendes Interesse an Bioprodukten, eine Wiederentdeckung des Kleinen, von Handarbeit und Regionalität. Auf ökologische Erzeugung umzustellen oder auf eine Form handwerklicher Produktion, kann eine von vielen Strategien für Landwirte sein, auf den internationalen Wettbewerb zu reagieren. Dies ist eine positive Entwicklung für unsere Landwirtschaft und für unser Nahrungsmittelangebot. Parallel dazu sollte man sich jedoch bewusst machen, dass nur ein Bruchteil der Gesamtproduktion auf eine alternative Erzeugung entfällt. Biologische Lebensmittel machen in Deutschland nur etwa vier Prozent des Marktes aus, handgemachte Erzeugnisse bewegen sich nur im Promillebereich.

Der junge Ad Gubbels von Pudu Peppers in Holland hat keine Chefallüren, unseren Kaffee holt er selbst aus der Unternehmenskantine. Pudu Peppers ist ein Millionen-Unternehmen, aber hier hat man noch Erde – oder wenigstens Steinwolle – unter den Nägeln und auch keine Handelsspanne, die ein verschwenderisches Gebahren möglich macht. Trotz eines hohen Absatzes verdienen sie nichts.

»Die letzten vier Jahre sind verheerend gewesen«, sagt Ad. »Als wir von vier auf 15 Hektar erweitert haben, mussten wir sehr viel investieren und eine Menge Kredite aufnehmen. Die Banken haben uns dazu ermutigt, indem sie sagten, baut zehn, nicht fünf Hektar, und jetzt sind sie die einzigen Profiteure«, erklärt Ad.

Das Unternehmen, das von Ad und seinem Bruder Ferry geleitet wird, ist aus dem Gewächshausanbau ihrer Eltern hervorgegangen, die 1976 mit einem Hektar und vielen verschiedenen in Erde gezogenen Gemüsesorten den Betrieb gründeten. Heute wird auf den 14,5 Hektar nur noch Paprika angebaut – und zwar auf Steinwollematten. Ad gibt nicht in erster Linie der spanischen Konkurrenz die Schuld für die schlechten Preise, sondern auch den holländischen Erzeugern, die sich gegenseitig die Preise kaputt gemacht haben, mit kräftiger Unterstützung der Handelsketten und des von ihnen ausgeübten Preisdrucks. Auf dem Gemüsemarkt herrscht wenig Flexibilität, weil sich die Erzeugnisse nicht lagern lassen. Kleine Erzeugungsüberschüsse können da zu dramatischen Preisstürzen führen.

»Eine einzige Zehn-Kilo-Kiste zu viel – bei einer täglichen Ernte von 1.000 Kisten – bedeutet schon niedrigere Preise«, sagt Ad.

Um eine konkurrenzfähige Landwirtschaft zu etablieren, wird ein Cent hier, ein Cent dort eingespart, häufig, indem weniger Arbeitskräfte eingestellt werden. Und so leben immer weniger Menschen auf dem Land. Die Schule und der Nahversorger schließen und irgendwann ist die Landwirtschaft, der es gelungen ist zu überleben, nur noch in Gegenden zu finden, die vom Aussterben bedroht sind – Landschaften, in denen der Hof der Johanssons in Kila und die Farm der Stewarts in Illinois liegen. Repräsentanten der schwedischen Landwirtschaft stritten im Herbst 2012 darüber, ob das Nein der schwedischen Molkereien zu GVO-Futtermitteln noch einmal überdacht werden sollte, da dies steigende Kosten verursachen würde – Kosten, die sich auf dem Niveau einer Öre oder eines Zehntel Cents pro Liter Milch bewegen! Offensichtlicher kann sie kaum sein – die Diktatur des Geldes.

Bezahlen wir
den angemessenen Preis?

Betrachtet man die Folgen des internationalen Wettbewerbs, ist es verlockend zu sagen, jedes Land solle seine eigenen Nahrungsmittel produzieren. Doch der Handel mit Nahrungsmitteln hat eine lange Tradition. Zur Römerzeit gab es einen umfassenden Getreidehandel am Mittelmeer. Gegen Ende des Mittelalters wurden jedes Jahr tausende Ochsen (ältere kastrierte Stiere) von Dänemark, Ungarn und Polen zur Schlachtung in die Städte des westlichen Europas getrieben. Bevor die Holländer die Ostindische Kompanie gründeten, die den Startschuss für eine fieberhafte koloniale Handelsaktivität in Asien gab, hatten sie ihr Handelsimperium mit Getreide im Ostseeraum aufgebaut. Salzheringe und Trockenfisch wurden von Fischern verkauft, die ihrerseits wiederum Getreide erwarben. Im Winter 1794/95 wurden in Bohuslän unglaubliche zwei Millionen Tonnen frischer Hering gefangen, um anschließend in Salzlake eingelegt oder zu Tran eingekocht zu werden.

Der Handel erlaubte es damals wie heute, dass Menschen in den Regionen, in denen sie selbst nicht alles, was sie für ihre Ernährung benötigten, produzieren, arbeiten und leben konnten. Das brachte auch mit sich, dass sich die Bevölkerung auf eine Produktion zu konzentrieren vermochte, die gut an den lokalen Le-

In unseren Supermärkten und Discountern ist die Auswahl an Nahrungsmitteln unüberschaubar. Doch dahinter steht nur eine sehr kleine Anzahl riesiger Unternehmen und Handelsketten.

bensraum angepasst war. In Bergregionen setzte man auf Tierhaltung, in hügeligen Landschaften auf die Kultivierung von Bäumen und Sträuchern, zum Beispiel Apfelsinen, Oliven, Nüssen oder Wein. Die Bauern dort verkauften ihre Waren an die Menschen im Flachland, während sie selbst Getreide ankauften. So trug der Handel zu einer Anpassung der menschlichen Gesellschaften an die jeweiligen ökologischen Verhältnisse bei. Die Staaten, die ihre Grenzen dicht machten und versuchten, sich selbst zu versorgen, hatten keine Zukunft. Heute sind Nordkorea oder das Kambodscha unter Pol Pot abschreckende Beispiele dafür. Die Idee von der Selbstversorgung mit Lebensmitteln und anderen Ressourcen soll auch ein entscheidender Faktor für den Japanischen Krieg in den 1930er Jahren in Asien gewesen sein.

Im heutigen Geschäft rund um unsere Lebensmittel ist von ökologischer Anpassung jedoch immer weniger zu spüren. Obwohl die gängigsten Nahrungsmittel nach wie vor im eigenen

Land produziert werden, ist der internationale Handel mit landwirtschaftlichen Produkten stark gestiegen, auf das fünffache Volumen innerhalb von 50 Jahren. Er hat mittlerweile sogar ein Ausmaß erreicht, mit dem er zu einem veritablen Problem für die Umwelt geworden ist. Lebensmittel rund um die Uhr rund um die Welt zu transportieren, verschlingt Unmengen an Energie, produziert Treibhausgase und überlastet die Ökosysteme in den Erzeugerländern.

> »Der Handel mit Nahrungsmitteln kann nicht wie der Handel mit Industrieprodukten betrieben werden.«

Mindestens ebenso dramatisch ist die Anpassung der Preise im Zuge der Globalisierung. Der Weltmarktpreis für Milchpulver beeinflusst unseren gesamten Milchmarkt, obwohl Milchpulver in Schweden oder Deutschland keine große Rolle spielt. Neuseeländische Äpfel sind billiger als die aus dem Alten Land um Hamburg oder aus Südtirol, argentinisches Rindfleisch, obwohl es über den Atlantik transportiert werden muss, konkurriert preislich mit der hiesigen Produktion. Niedrige Preise und das enorme Angebot von Nahrungsmitteln aus aller Herren Länder haben unsere Eßgewohnheiten verändert. Durch die globalisierten Preise gibt es die Verknüpfung zwischen dem, was wir essen, und dem, was sich in unserer Region produzieren lässt, größtenteils nicht mehr.

Der Handel mit Agrarprodukten kann jedoch nicht wie der Handel mit Industrieprodukten vor sich gehen, da sich die Landwirtschaft in vielfacher Hinsicht von der Industrie unterscheidet. In der Industrie ist es nahezu egal, ob die Fabrik in Schweden, Brasilien oder Japan steht. Dieselbe Technologie, weltweit gleiche Managementsysteme, häufig dieselben institutionellen Eigentümer (große Fonds), dazu Rohstoffe und Technik, die auf schnellen und effektiven Handelsströmen um die Erde verfrachtet werden. Für die Landwirtschaft spielen zahlreiche weitere Aspekte eine Rolle – der Ort, das Wetter, der Zugang zu Wasservorkommen, die geografischen und ökologischen Bedingungen und der Landeigentümer. Der freie internationale Handel und der Wettbewerb mit Nahrungsmitteln führt zu der Art von Spezialisierung, wie wir sie auf unserer Reise gesehen haben und die wir alle erkennen können, wenn wir die Etiketten der Waren in unseren Supermärkten genauer unter die Lupe nehmen. Dass die Auswirkungen nicht noch dramatischer ausfallen, liegt daran, dass die Bauern akzeptieren, trotz eines oftmals miserablen Lohns weiterzuarbeiten, an agrarpolitischen Maßnahmen und daran, dass sich die Ernährungsgewohnheiten der Menchen über einen langen Zeitraum verändern.

Das Bild, das von der heutigen industriellen Landwirtschaft gezeichnet wird, ist das eines rationellen und höchst effektiven Wirtschaftszweigs, doch dieses Bild täuscht. Es geht davon aus, dass nur der Preis zählt und der Preis die Mittel heiligt. Doch so niedrig die Preise im Discounter mittlerweile sind, so hoch ist der Preis, den die Natur, der ländliche Raum, die Bauern und letztlich auch wir Konsumenten für diese Art der Landbewirtschaftung bezahlen.

Pestizidrückstände lassen sich mittlerweile fast überall nachweisen, im Boden, in den Gewässern, in unserer Nahrung. Wie sich eine langjährige Belastung auch mit geringen Dosen unterschiedlichster Pestizide in der Natur oder im menschlichen Körper auswirkt, ist weitgehend unbekannt. Die Weltbank, die nicht gerade dafür bekannt ist, den Produkten der Agrochemie ausgesprochen kritisch gegenüberzustehen, schätzt die Zahl der Todesfälle, die auf den Einsatz von Pestiziden zurückzuführen sind, auf 350.000 jährlich, die meisten davon in den Entwicklungsländern. In Schweden stellte das Lebensmittelamt fest, dass zwei Drittel aller Früchte und Gemüse, die 2009 in den Handel gerieten, Pestizidrückstände aufwiesen. In Obst wurden 118 verschiedene Pestizide nachgewiesen, in Gemüse 92.

Die industrielle Tierhaltung wiederum wird auf eine unwürdige, oftmals grausame Weise betrieben – unwürdig für die Tiere, aber auch für die Menschen, die in der Viehzucht arbeiten, und für uns Konsumenten. Durch den obligaten, präventiven Einsatz von Antibiotika erzeugt die globale Fleischindustrie gefährliche Resistenzen, durch die enorme Konzentration von Tieren und die globalen Handelsströme verbreiten sich Krankheiten wie Lauffeuer. Trotz Qualitätssicherung, Standardisierung, Tests und Hygienemaßnahmen scheinen unsere Nahrungsmittel nicht sicherer zu werden. Colibakterien, Rinderwahnsinn (BSE) und Vogelgrippe machen deutlich, wie sensibel das System ist und wie hoch die Risiken sind.

Wir haben es in kürzester Zeit geschafft, die Stoffkreisläufe der Natur, insbesondere die für Stickstoff und Phosphor drastisch zu verändern. Belastetes Grundwasser, umkippende Gewässer und Algenblüten in den Meeren sind deutliche Symptome dafür, dass hier einiges aus dem Ruder gelaufen ist. Der Verlust an fruchtbarem Boden hat in vielen Teilen der Welt beängstigende Ausmaße erreicht, die biologische Vielfalt wird durch die Bewirtschaftungsmethoden schwer beeinträchtigt. Wir zerstören buchstäblich die Grundlage für unser Leben auf der Erde.

Nahrung ist billig. Zu billig. Viele Kosten, die die Landwirtschaft verursacht, spiegeln sich nicht im Preis wider. Einem Gutachten des *European Nitrogen Assessment* zufolge werden durch die Stickstoffdüngung in der EU Kosten zwischen 20 und 150 Milliarden Euro verursacht. Die höheren Erträge ließen die Einkommen der Landwirte hingegen nur um zehn bis 100 Milliarden Euro ansteigen. Die Schäden der weltweit durch Erosion degradierten Böden werden auf nahezu 340 Milliarden Euro pro Jahr geschätzt, die Auswirkungen auf das Klima sind ebenfalls immens, die Kosten der Anpassung an den Klimawandel werden exorbitant hoch und in einer nicht allzu fernen Zukunft auch zu begleichen sein. All diese externen Kosten schlagen sich nicht in den Nahrungsmittelpreisen nieder.

Die Rahmenbedingungen machen es der Landwirtschaft nicht gerade leicht, in Sachen Umwelt- oder Tierschutz eine Vorreiterrolle einzunehmen. Reglementierungen und Auflagen verteuern beispielsweise die Produktion von Schweinefleisch in der EU gegenüber den wichtigsten Wettbewerbsländern USA und Brasilien um 1,50 Euro pro Kilo Schlachtgewicht. Schwedische Schweinezüchter wiederum führen an, dass sie aufgrund der hohen Tier- und Umweltschutzbestimmungen höhere Kosten als die dänischen oder holländischen Mitbewerber haben. Um eine durch Branchenvorschriften verursachte mangelnde Wettbewerbskraft auszugleichen, erhalten die Bauern manchmal Kompensationszahlungen. Doch jede Entschädigung in Form von Subventionen zieht auch einen erhöhten bürokratischen Aufwand nach sich.

Der Landwirtschaft kommt als Gestalter von Kultur, Natur und Umwelt eine wichtige Rolle zu. Im Zuge der Mechanisierung und Spezialisierung hat sie viele Funktionen, die sie früher erfüllt hat, eingebüßt. Die Landwirtschaft ist nicht länger der Landschaftspfleger, der sie einmal war, und erfüllt auch nicht mehr die soziale Funktion wie früher, als sie die Gesellschaft zusammenhielt und vielen eine Beschäftigungsmöglichkeit bot. Waren einstmals im Lebensmittelkorb noch kostenlose Zugabe enthalten, ist die Landwirtschaft heute nur noch eine sorgfältig abgewogene, standardisierte Dienstleistung.

Wie könnte eine Landwirtschaft jenseits der Preisdiktatur der Märkte aussehen?

Es ist leicht aufzuzeigen, wie ein landwirtschaftliches Produktionssystem beschaffen sein sollte, um ökologisch und sozial nachhaltig zu sein. Bedeutend schwerer ist die Umsetzung. Wenn die ganze Landwirtschaft und der Nahrungsmittelvertrieb dem freien Markt überlassen ist, gibt es Leidtragende, allen voran die Milliarde Menschen, die weltweit hungern.

Während uns der internationale Wettbewerb preiswerte Nahrung und Nahrungsmittel aus aller Herren Länder beschert hat, führt er gleichzeitig zu einer Verarmung der Landwirtschaft und der Kulturlandschaften. Aus diesem Grund sind andere Mechanismen nötig, die sich mit all dem befassen, was der Markt nicht auf bestmögliche Art regelt. Deshalb findet man in den wenigsten Ländern eine vollkommen deregulierte Landwirtschaft, sondern schützt sie durch Zölle, Quoten und durch verschiedene andere Förderungsinstrumente. Demgegenüber stehen die bekannten Schwächen einer staatlich (über-)regulierten Landwirtschaft. Die Beispiele aus der ehemaligen Sowjetunion und China sind abschreckend und auch die schwedische Landwirtschaft war bis in die 1980er Jahre hinein stark reguliert und zeichnete sich durch geringe Qualität und eine starke Monopolisierung des Marktes aus. Und die Landwirtschaftsbürokratie der EU bietet auch keinen Anlass zum Jubel.

Einer marktgesteuerten und wettbewerbsoffenen Landwirtschaft können Instrumente an die Hand gegeben werden, die bestimmte Techniken – etwa den Einsatz von Pestiziden – schlichtweg untersagen. Mangelnde Wettbewerbsfähigkeit kann durch Entschädigungszahlungen ausgeglichen werden, bei denen die Landwirte durch Steuern und Abgaben für die externen Kosten, die die Landwirtschaft verursacht, aufkommen, während sie gleichzeitig Entschädigungszahlungen für festzulegende Umwelt-, Anbau-, und Ökosystemleistungen erhalten. Das klingt vielleicht einfach, ist es aber nicht. Doch ist es die Aufgabe der Politik, dieses Problem zu lösen.

Kapitel VIII

Nähren oder verzehren?

*Die Menschheit hat einen weiten Weg zurück-
gelegt, seit sie zum ersten Mal bewusst ein
Samenkorn säte, um jenes ganz besondere
Exemplar hervorzubringen, das die besten
Eigenschaften in sich vereint. In der Entwicklung der Landwirtschaft ging es immer um
eine Optimierung der gegebenen Verhältnisse,
darum, das agrare Ökosystem bestmöglich zu
nutzen, sowie um einen immer größeren Ertrag
aus der biologischen Produktion der Erde
zu erzielen.*

Wie weit kann man
die Intensivierung noch treiben?

Im vorigen Kapitel haben wir die sozialen und wirtschaftlichen Zusammenhänge diskutiert und wie sie sich auf die Landwirtschaft, die Landschaft und unsere Nahrung auswirken. Nun wollen wir betrachten, wie die moderne Landwirtschaft organisiert ist und welche Ressourcen benötigt werden. Die folgenden drei Fragen wollen wir dabei beantworten:

Wie weit kann man die Industrialisierung, Spezialisierung und Intensivierung der Landwirtschaft noch treiben und inwieweit kann das industrielle Landwirtschaftsmodell funktionieren?

Kann eine ökologische Landwirtschaft genügend Nahrung für die Weltbevölkerung sicherstellen?

Gibt es überhaupt ausreichend Ressourcen, um eine wachsende Bevölkerung zu ernähren?

Bis weit in das 19. Jahrhundert hinein bauten die schwedischen Bauern Getreide in Monokulturen an. Es kam zur Auslaugung der Böden und sie mussten das Land jedes zweite bis dritte Jahr brach liegen lassen. Die Ernteerträge waren gering und stagnierten, eine wachsende Bevölkerung musste ernährt werden, indem immer neue Flächen erschlossen wurden. Das Futter für die Nutztiere wurde auf den Wiesen und in Mooren eingeholt und oft reichte es nicht aus. Die schwedische Redewendung »Die Kuh stirbt, während das Gras wächst« bringt zum Ausdruck, wie ausgemergelt die Tiere nach einem langen Winter häufig waren.

Im 19. Jahrhundert wurde eine neue Fruchtfolge eingeführt, die unter anderem stickstoffbindenden Klee mit einschloss, der den Boden verbesserte. Die Produktion wurde durch Entwässerung, Kalken und einen vermehrten Anbau von arbeitsaufwendigen Kulturen wie Kartoffeln oder Zuckerrüben intensiviert. Der gezielte Anbau von Viehfutter ließ die Zahl der Nutztiere rasch ansteigen und resultierte in mehr Milch, Eiern, Fleisch und nicht zuletzt Dünger, der wiederum auf den Feldern eingesetzt werden konnte. Die Ernteerträge stiegen stark an, und obwohl auf den Feldern mehr Viehfutter angebaut wurde, konnte mehr Nahrung als früher produziert werden.

Daniel Wolf aus Mato Grosso und Sebastian Scott aus Sambia entwickeln Anbausysteme, in denen Nutztierhaltung und Pflanzenbau auf eine ähnliche Weise integriert werden; Futterpflanzen spielen auch hier eine große Rolle. Diesen Prozess könnte man ökologische Intensivierung nennen. Die heutigen Biobauern verfolgen ebenfalls diesen Weg, denn auch sie müssen ihre Produktion intensivieren und die Ernteerträge steigern.

Aber es gibt auch andere Formen der Intensivierung. Bob Stewart in Illinois hat beschrieben, wie er seinen landwirtschaftlichen Betrieb von gemischtem Landbau auf eine Mais-Monokultur umgestellt hat. In seinem Fall ist die Intensivierung durch andere Einsatzmittel vollzogen worden, vor allem durch moderne Maschinentechnik, Biotechnologie, Kunstdünger und Pestizide. Diese Art der Intensivierung prägt die Landwirtschaft seit dem

Zweiten Weltkrieg, verstärkt durch einen niedrigen Ölpreis und einen steigenden internationalen Wettbewerb. Am deutlichsten wird diese Entwicklung in der modernen Tierhaltung, die in vielen Teilen der Welt, vor allem in den Industrieländern, an Grausamkeit nicht zu überbieten ist.

Wo soll das enden, wie lang kann diese Art der Intensivierung noch weitergehen? Um das herauszufinden, haben wir den Paprikaerzeugern Ad und Ferry Gubbels einen Besuch abgestattet. Heute kultivieren sie 14,5 Hektar »unter Glas«, das heißt in Gewächshäusern. Jede Pflanze erfordert spezielle Kenntnisse, Techniken und Maschinen. Auch Einsatzmittel wie Dünger und Verpackungsmaterial sind jeder Kultur auf den Leib geschneidert. Damit sich der Aufwand auch lohnt, baut das Unternehmen rund eine Million Paprikapflanzen an – sonst nichts.

»Wir müssen immer eine Spitzenstellung behaupten und haben weder die Zeit noch den finanziellen Spielraum, uns mit dem Anbau einer anderen Pflanze zu beschäftigen«, sagt Ad.

Dahinter steht im Grunde dieselbe Logik, die Bob Stewart in Illinois ausschließlich Mais anbauen lässt und die zu einer Konzentrierung der Geflügel- und Schweinezuchtbetriebe in Schonen oder in der Region Vechta in Niedersachsen führt. Die Brüder Gubbels üben bei ihrer Paprikakultur auf Steinwollematten eine totale Kontrolle über sämtliche das Wachstum beeinflussende Faktoren aus. Das Saatgut stammt von großen Saatgutfirmen und ist mit verschiedensten Pestiziden vorbehandelt, um Schädlingsbefall von vornherein auszuschließen, spezialisierte Betriebe wie der der Gubbels beziehen junge Pflanzen, die gleich bei der Ankunft im Betrieb mit Pestiziden behandelt werden. Im Gewächshaus gibt es keine Erde, die Gänge und die Betonplatten sind mit weißen Plastikplanen bedeckt. Die Pflanzen werden auf Steinwolle angebaut, die bei Temperaturen von 1.500 Grad hergestellt wird und vollkommen steril ist. Das Regenwasser, das auf das Dach fällt, eignet sich nicht zur Bewässerung der Pflanzen, da seine Qualität schwankend ist, stattdessen wird Grundwasser eingesetzt. Eine exakt berechnete Menge der benötigten Nährstoffe wird in dem Wasser aufgelöst und durch Tropfbewässerung jeder Pflanze appliziert.

Stickstoff	8,500 %
Eisen	0,200 %
Kalium	24,700 %
Mangan	0,060 %
Phosphor	4,900 %
Bor	0,027 %
Zink	0,027 %
Magnesium	4,200 %
Kupfer	0,004 %
Schwefel	5,700 %
Molybdän	0,004 %
Calcium	wird separat appliziert

Das Drainagewasser der Steinwollematten wird dem Kreislauf wieder zugeführt, die Nährstoffverluste bleiben dadurch sehr gering. Der Kohlen-

Samen + Wasser + zwölf chemische Elemente + Sonnenenergie + Kohlendioxid – lautet so die Formel für die Gemüseproduktion der Zukunft? Quelle: Yara

dioxidgehalt der Luft wird reguliert und liegt bei ertragssteigernden 800 ppm – das ist mehr als das Doppelte des Normalwerts. Die Erwärmung des Gewächshauses erfolgt durch Naturgas; wenn es zu warm wird, reduzieren Matten die Sonneneinstrahlung oder es laufen Ventilatoren an. Die Pflanzen wachsen zwölf Zentimeter pro Tag, werden schließlich fünf Meter hoch und mithilfe von Nylonschnüren aufrecht gehalten. Durch einen sorgfältigen Beschnitt wird ihr Wachstum reguliert und festgelegt, wie viele Früchte reifen sollen. Die meisten Schädlinge werden durch biologische Pflanzenschutzmittel in Schach gehalten, Pilzkrankheiten können durch eine sorgfältige Regulierung der Temperatur und Luftfeuchtigkeit vermieden werden. All diese Maßnahmen führen dazu, dass die Gubbels pro Quadratmeter 30 Kilogramm Paprika erzeugen – zehnmal so viel wie ihre chinesischen Kollegen.

Der Einsatz von Energie, vor allem fossiler Energie, ist ein entscheidender Faktor für diese Art der Intensivierung. Landwirte benötigen Diesel für Traktoren und Pumpen, Strom für Trocknungsanlagen, Ventilatoren und Melkmaschinen. Die Produktion von Kunstdünger, vor allem Stickstoffdünger, ist äußerst energieintensiv. Um eine Tonne Mais mit Mitteln der modernen konventionellen Landwirtschaft zu erzeugen, wird Energie verbraucht, die einem Barrel Öl (159 Liter) entspricht – mit traditionellen Bewirtschaftungsmethoden ist das in Mexiko schon mit fünf Litern möglich. Viele Nutzpflanzen sind unter energetischen Gesichtspunkten höcht unrentabel. Bei konventionell erzeugtem Getreide stehen sich Energieinput und -output in einem Verhältnis von bis zu 3:1 gegenüber. Ein besonders extremes Beispiel ist der Gewächshausanbau von Gemüse, so auch der Paprikaanbau der Gubbels: Allein für die Wärmeerzeugung setzen sie 34 Kubikmeter Naturgas pro Quadratmeter ein. Das entspricht gut einem Liter Öl pro Kilo geernteter Paprika.

Über die gesamte Lebensmittelkette betrachtet, ist der Energieverbrauch besonders drastisch. Auf die Landwirtschaft entfallen dabei nur rund zehn bis 20 Prozent, die größten Energiefresser sind die Lagerung, die Verarbeitung und der Transport zum Einkaufsort. In der Summe übersteigt der Energieinput den -output um das zehn- bis 15-Fache.

Derartige Intensivkulturen sind Ausnahmen geblieben, obwohl die Technologie des Steinwolleanbaus und zirkulierender Nährlösungen schon Jahrzehnte bekannt ist. Dieser Kulturtyp ist in höchstem Maß auf eine funktionierende Infrastruktur und Energieversorgung angewiesen. Dass die Intensivierung in den Niederlanden am weitesten vorangetrieben wurde, ist kein Zufall. Bereits vor 400 Jahren hat man dort eine kommerzielle Landwirtschaft betrieben, zuerst auf dem Gebiet der Milcherzeugung und später im Gartenbau und der Schweinefleischproduktion.

In Grubbenvorst, unweit der Grenze zu Deutschland, war bis vor kurzem eine Anlage für 1,1 Millionen Hühner und 34.000 Schweine geplant. Die Hühner sollten auf Laufbändern leben, über die sie ohne große Verladeaktionen in den Schlachtbereich gelangen – ein abgeschlossenes System, wie die Gewächshauskulturen. Hohe Bodenpreise, steigende Lohnkosten und staatliche Regulierungen rücken derartige Vorhaben in den Bereich des möglichen. Gut ausgebaute Straßen, Eisenbahnnetze, schiffbare Flüsse, Kanäle und der Hafen Rotterdams ebnen der Spezialisierung den Weg, der Handel profitiert. Doch hin und wieder formiert sich Widerstand gegen derartige Pläne und das Vorhaben liegt aufgrund intensiver Proteste der Bevölkerung auf Eis.

Unsere Reise hat gezeigt, dass die Intensivierung der Produktion überall ein großes Thema ist. Pro Hektar sollen mehr Nutztiere weiden, mehrere Ernten pro Jahr eingefahren werden. Der Einsatz von Kunstdünger und Pestiziden nimmt zu. Die FAO führt in ihrem Bericht zur Lage der Land- und Wasserressourcen der Welt (SOLAW, *The State of Land and Water Resources*) von 2012 an: »Die Methoden der Intensivlandwirtschaft haben in manchen Fällen durch den falschen Gebrauch von Kunstdünger und Pestiziden zu ernsthafter Umweltzerstörung, dem Verlust von Biodiversität und zur Verunreinigung von Oberflächen- und Grundwasser geführt.«

Der neueste Trend auf den landwirtschaftlichen Nutzflächen lautet:»Intensive Präzisionslandwirtschaft«, bei der energie- und kostenintensive Produktionsmittel gezielter eingesetzt werden. Doch zeigen die Umweltbelastungen selbst in Ländern wie Deutschland oder Schweden, in denen Pestizide und Kunstdünger insgesamt vorsichtiger und kontrollierter als in vielen anderen Ländern verwendet werden und die giftigsten Mittel verboten sind, dass dieses System seine Grenzen hat. Auf den Feldern ist man nun einmal weit davon entfernt, alle Faktoren steuern zu können, zumindest diesbezüglich sind die Gubbels-Brüder klar im Vorteil.

Andere Experten zweifeln an diesem Entwicklungsmodell und suchen nach anderen Lösungen. Vor ein paar Jahren stellten 400 Wissenschaftler aus der ganzen Welt in einer groß angelegten interdisziplinären Studie (IASSTD, *International Assessment of Agricultural Knowledge, Science and Technology for Development*) fest, dass die Landwirtschaft in der jetzigen Form so nicht weiterbetrieben werden kann.»More of the same is not an option«, so deren Fazit.

Die beste Alternative ist die Fortführung der ökologischen Intensivierung, die ins Stocken geriet, als die Landwirtschaft mit Kunstdünger und Öl gedopt wurde. Die Natur wird sich immer unserer Kontrolle entziehen, deshalb ist es besser, mit natürlichen Systemen und Vielfalt zu arbeiten, und das ist das Wesen der ökologischen Landwirtschaft. Das klingt erst mal gut, aber kann die Biolandwirtschaft die Weltbevölkerung ernähren?

»Wir können die Welt nicht durch ökologische Erzeugung ernähren, wir brauchen mehr Kunstdünger und genmodifizierte Pflanzen. Die Befürworter der Ökolandwirtschaft haben die Hungernden auf ihrem Gewissen.« Wie oft haben wir das so oder in anderer Form schon gehört oder gelesen. Vergleicht man Bob Stewarts kräftigen blaugrünen Mais mit Jack Erismans deutlich zarteren Pflanzen, denen jede Menge Unkraut Gesellschaft leistet, fällt es nicht besonders schwer, die konventionelle Landwirtschaft zum Gewinner des Preises »Höchster Maisertrag in Illinois« zu erklären. Doch dieses Urteil wird schnell relativiert, ja revidiert, wenn wir auf Susan und Fred Mkandawire in Sambia schauen, die nur zwei Tonnen Mais pro Hektar erwirtschaften, obwohl sie Zugang zu subventioniertem Kunstdünger haben, während Sebastian Scott mit seiner ökologischen Mischkultur, die Hülsenfrüchte mit einschließt, sieben Tonnen Mais erntet.

Die Feldversuche und Studien, welche die Erträge der konventionellen und ökologischen Landwirtschaft vergleichen, geben kein klares Bild ab. Im Frühjahr 2012 trug ein niederländisches Team von Wissenschaftlern die Ergebnisse von 362 Vergleichsstudien aus 43 Ländern zusammen, die meisten darunter aus Europa und Nordamerika. Im Durchschnitt erzielte die Biolandwirtschaft rund 80 Prozent des konventionellen Ertrags, in Europa waren es nur 70. Was bedeuten diese Zahlen nun? Steht der Gewinner damit fest oder müssen wir andere Gesichtspunkte in die Gesamtbeurteilung einfließen lassen? Beispielsweise ist die Produktion der Biolandwirte durchgängig abwechslungsreicher und damit weniger anfällig für Krankheiten. Stewart mag den Preis »Höchster Maisertrag« abgeräumt haben, doch ist Erismans Betrieb der unzweifelhafte Gewinner, wenn Kriterien wie Biodiversität und Umweltbelastung oder ästhetische Gesichtspunkte einbezogen werden. Einem Papier der FAO zufolge ist die Wirtschaftlichkeit der ökologischen Landwirtschaft insgesamt etwa auf dem gleichen Niveau wie ihr konventionelles Pendant, mal haben die »Ökos« die Nase vorn, mal die »Konventionellen« – und selbst das kann sich von Kontinent zu Kontinent, von Zeit zu Zeit ändern. Ein Bericht der UNCTAD zeigt, dass der ökologische Landbau in Afrika zu gestiegenen Ernten geführt hat, in vielen Fällen hat sie sich sogar mehr als verdoppelt. Der Bericht schlussfolgert, dass »ökologischer Landbau die Produktivität in der Landwirtschaft durch den Einsatz preiswerter, regional vorhandener Techniken steigern und so die Einkommenssituation verbessern kann«.

Seit dem Zweiten Weltkrieg waren Wissenschaft und Entwicklungshilfe fast ausschließlich auf das industrielle Landwirtschaftsmodell fixiert. Wieviel höher könnten die Erträge des Ökolandbaus sein, wenn er eine vergleichbare Unterstützung erfahren hätte? Bedauerlicherweise stehen Fragen ökologischer Produktion oder nach dem bestmöglichen Einsatz regional oder lokal vorhandener Ressourcen immer noch nicht an der Spitze der Agenda. Verschärft wird diese Situation dadurch, dass in den meisten Ländern heute eine unternehmensfinanzierte Agrarforschung betrieben wird. Es ist besorgniserregend, dass die Giganten der Agrochemie die wichtigsten Geldgeber der Agrarforschung sind, liegt es doch keinesfalls in ihrem Interesse, nach Methoden zu suchen, die die Landwirte unabhängig von ihren Erzeugnissen machen.

»Die einfachsten und preiswertesten Methoden sind diejenigen, die keine zusätzlichen Ressourcen erfordern, denn sie sind deshalb für die Privatunternehmen nicht von Interesse«, sagt Dennis Garrity, Leiter des *World Agroforestry Centre* in Nairobi.

Ist die Grenze erreicht?

Einer Schätzung der FAO von 2012 zufolge werden wir im Jahr 2050 ungefähr 60 Prozent mehr Nahrungsmittel als 2006 benötigen, die Folge einer Kombination von steigender Weltbevölkerung und zunehmendem Fleischkonsum. Dies ist eine gewaltige Herausforderung. Doch es erscheint nicht unmöglich, denn laut FAO ist die Agrarproduktion in den letzten 50 Jahren um das zweieinhalb- bis dreifache gestiegen und in diesem Zeitraum hat sich die Weltbevölkerung mehr als verdoppelt.

Um mehr Nahrungsmittel zu erzeugen, können wir die landwirtschaftlichen Nutzflächen ausweiten oder die Ernteerträge auf den existierenden Flächen erhöhen. Ein weiterer Ansatzpunkt liegt in der Reduzierung der Abfallmengen in der gesamten Produktionskette. Neben dem Anbau stehen uns Nahrungsmittel zur Verfügung, die sich – noch – von selbst reproduzieren, etwa der Fisch der Meere oder das Wild der Wälder. Last but not least können wir unsere Ernährungsgewohnheiten ändern, indem wir auf Kulturen setzen, die mehr Ertrag pro Flächeneinheit abwerfen, oder unsere Ernährungsgewohnheiten auf Nahrungsmittel umstellen, die weniger Ressourcen beanspruchen, zum Beispiel, indem wir weniger Fleisch essen.

Die Ausweitung landwirtschaftlicher Nutzfläche

Die Landwirtschaft bewirtschaftet etwa 37 Prozent der verfügbaren Landfläche, knapp 50 Millionen Quadratkilometer, der Großteil entfällt auf Weideland, rund 30 Prozent davon sind Ackerflächen. Von 1960 bis 2000 nahm ihr Anteil um nur fünf Millionen Hektar pro Jahr zu. Vielleicht klingt es alarmierend, aber die Erntezuwächse waren in diesem Zeitraum so groß, dass es keinen Grund dafür gab, mehr Land zu bewirtschaften. In den meisten Industrieländern war die Ackerfläche hingegen rückläufig. Große Areale landwirtschaftlicher Nutzflächen, oft von bester Qualität, sind überbaut worden, wie es bei der Familie Göransson in Burlöv der Fall war. In anderen Fällen werden landwirtschaftliche Nutzflächen renaturiert. In den USA sind beispielsweise 16 Millionen Hektar Ackerland aus Umweltschutzgründen stillgelegt worden. In vielen Ländern ist die Ackerfläche schlichtweg deshalb rückläufig, weil ihre Bewirtschaftung nicht mehr rentabel ist.

Berechnungen der Welternährungsorganisation zufolge ist rund ein Viertel der Erdoberfläche für den Ackerbau geeignet, das heißt insgesamt etwa 33 Millionen Quadratkilometer. Verglichen mit den heutigen 15 wäre das mehr als eine Verdopplung. Die größten Expansionsmöglichkeiten bieten sich in Südamerika und Afrika. Was auf den ersten Blick wie eine vielversprechende Vision klingt, hat im Detail jedoch einige Probleme im Gepäck:

Zum Ersten ist eine Expansion nur auf Kosten anderer Ökosysteme möglich. Der Verlust von Regenwäldern, Savannen oder Feuchtgebieten reduziert die biologische Vielfalt, beeinträchtigt wichtige globale Kreisläufe und intensiviert den Treibhauseffekt. Deshalb sind sich nahezu alle Experten darin einig, dass wir den

Großteil der »unberührten« Natur bewahren müssen und die Anbauflächen nicht wesentlich ausweiten sollten.

Zweitens sind die Flächen nicht immer dort in ausreichendem
Maß vorhanden, wo sie am dringendsten gebraucht werden. Indi-
en ist ein Land, dem es sowohl an Anbauflächen als auch an Wasser fehlt. Für die reichen Länder stellt es kein größeres Problem
dar, die eigene Nahrung nicht produzieren zu können. Norwegen
kommt beispielsweise mit einer Selbstversorgungsquote von nur
50 Prozent hervorragend zurecht, aber arme Länder können es
sich einfach nicht leisten, in diesem Ausmaß Nahrungsmittel zu
importieren.

Drittens gehen landwirtschaftlich nutzbare Flächen in immer
größerem Ausmaß verloren, sei es durch Erosion, Versalzung,
Versauerung oder Kontamination. Es ist fraglich, ob es langfristig möglich ist, die Agrarfläche
auszudehnen, oder ob es uns
gerade mal gelingen wird, die
Verluste zu kompensieren.

Zu guter Letzt tobt eine
verschärfte Nutzungskonkur-
renz um Flächen. Wohnungs-
und Straßenbau, Bergbau und
ein erhöhter Bedarf für die
Freizeitgestaltung (etwa Golf-
plätze) stehen der Nahrungsmittelproduktion gegenüber.
Im Zuge steigender Energiepreise wird der Druck auf die
Ackerflächen weiter steigen:
Solaranlagen brauchen Platz,

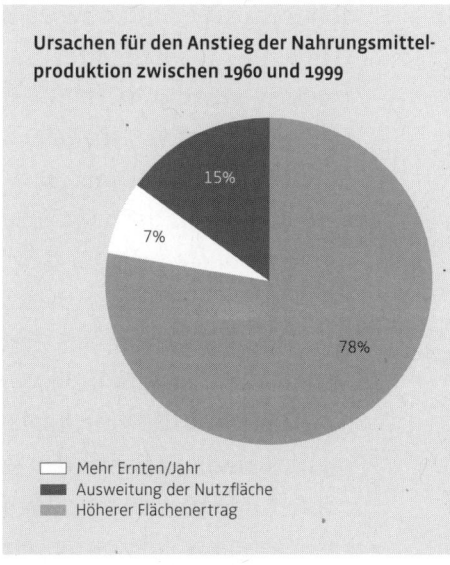

Ursachen für den Anstieg der Nahrungsmittelproduktion zwischen 1960 und 1999

15%

7%

78%

☐ Mehr Ernten/Jahr
■ Ausweitung der Nutzfläche
■ Höherer Flächenertrag

Quelle: FAO

Stauseen überfluten fruchtbare Auenböden, Pflanzen zur Erzeugung von Bioenergie haben ähnliche Standortansprüche wie Getreide oder Mais.

Die Landwirtschaft hat schon immer einen bedeutenden Beitrag zur Energieversorgung geleistet. Noch im 19. Jahrhundert war Hafer in Form von Pferdefutter eine bedeutende Energiequelle, im heutigen Indien ist Kuhdung nach wie vor ein wichtiges Brennmaterial, in vielen anderen Ländern kommen hierfür Ernterückstände zum Einsatz. Biosprit kann mithelfen, uns aus der Abhängigkeit von fossilen Brennstoffen zu befreien, doch muss die Produktion so in die Landwirtschaft integriert werden, dass sie zu den Nahrungsmitteln nicht in direkter Konkurrenz steht. Aus Klee und Gras lässt sich nicht nur Biogas gewinnen, man erhält auch verbesserte Fruchtfolgen und kann so beispielsweise den Getreideertrag erhöhen und die Reste aus der Energieproduktion als Viehfutter nutzen. Global gesehen sind die Möglichkeiten, fossile Energieträger durch nachwachsende Rohstoffe zu ersetzen, sehr limitiert. Selbst wenn man die globale Maisernte zu Biokraftstoff verarbeitete, würde das nicht mehr als sechs Prozent der Energie ausmachen, die im Transportsektor gebraucht wird. Zudem ist die netto erzeugte Energiemenge häufig niedrig, weil viel Hilfsenergie für den Anbau und die Weiterverarbeitung benötigt wird.Wie wir in den USA gesehen haben, fließt dort bereits ein bedeutender Anteil der Maisernte in die Ethanolproduktion. Manche führen an, dass es unmoralisch sei, Nahrungsmittel als Biokraftstoff einzusetzen, dass Mais und Weizen stattdessen die Hungernden satt machen könnten. Aber so funktioniert der Markt nicht. Wenn die USA ihren Mais nicht mehr zur Ethanolproduktion einsetzen würden, wäre ein riesiger Überschuss die Folge. Kurzfristig würde Mais dann für ärmere Länder verfügbar, mittelfristig würden jedoch unzählige Landwirte in den Industrie- und Entwicklungsländern ihre Höfe aufgeben müssen und die Preise würden auch wieder steigen. Arbeitslosigkeit und Armut wären die Folge – und Armut verursacht Hunger, nicht der Nahrungsmangel, wie wir im vorigen Kapitel gesehen haben.

Ackerland wird nicht nur für den Anbau von Grundnahrungsmitteln genutzt. Auf circa sechs Millionen Hektar wächst Wein. 420.000 Container Kaffee werden weltweit auf mindestens zehn Millionen Hektar produziert, Zuckerrohr und Zuckerrüben werden auf etwa 25 Millionen Hektar angebaut.

Erhöhung der Ernteerträge

Die Welternährungsorganisation ist der Ansicht, dass vier Fünftel der landwirtschaftlichen Agrarproduktion, die bis einschließlich 2050 benötigt wird, von gesteigerten Ernteerträgen auf bereits existierenden Nutzflächen stammen wird. Bob Stewart aus Illinois sagte uns, dass er mehr als die zehn Tonnen Mais pro Hektar erzeugen könnte, die er heute erntet, wenn er größere Investitionen tätigen würde. Fred und Susan Mkandawire aus Sambia könnten ihren Maisertrag steigern, indem sie das Unkraut zwei- oder dreimal im Jahr statt nur einmal beseitigen. Im Prinzip könnten alle Landwirte, die wir besucht haben, mehr produzieren, indem sie mehr Ressourcen in Form von Arbeitskraft, Dünger, Wissen oder an bereits verfügbarer Technik einsetzen würden. Der entscheidende Faktor ist, ob es sich aus wirtschaftlicher Sicht lohnt.

Viele behaupten, dass durch den Einsatz von gentechnisch modifiziertem Saatgut sehr viel höhere Erträge möglich wären. Aber es gibt kein spezielles »Hohes-Ertrags-Gen«, das man in die Pflanzen einschleusen könnte, sondern der Ernteertrag wird von vielen verschiedenen Faktoren beeinflusst. Überdies tun sich die Gentechniker weitaus schwerer, trockenresistente oder ertragsstärkere Sorten zu züchten, als die Pflanzen gegen Roundup resistent zu machen.

Traditionelle Techniken der pflanzlichen Selektion werden auch in Zukunft eine wichtige Rolle spielen, aber sie müssen vielseitiger werden und dürfen sich nicht nur wie heute auf Mais-, Reis-, Soja- und Weizenpflanzen sowie auf ein Dutzend andere Pflanzen konzentrieren. Es sollte stärker auf Pflanzen wie Sorghum, Hirse, Maniok und Kochbananen gesetzt werden, die wichtig für die Versorgung armer Menschen sind und keine Bewässerung erfordern.

Wenn natürliche Formen der Stickstoffbindung für unsere gebräuchlichen Getreidesorten entwickelt werden könnten, wäre das sensationell. Die Fortschritte, die bei der Stickstoffbindung von Gras und Zuckerrohr gemacht wurden, sind vielversprechend. Moderne Biotechnologie kann sehr viel mehr sein als nur Gentechnik. Ein Beispiel dafür ist die biologische Schädlingsbekämpfung, die man seit Langem in großem Maßstab bei Sonderkulturen und im Unterglasanbau einsetzt. Dort setzt man Raubinsekten und Parasiten ein, um Insektenschädlinge zu kontrollieren. Ein spannendes Forschungsfeld ist auch die biologische Bekämpfung von Unkräutern, hier werden permanent neue Erkenntnisse darüber gewonnen, wie Pflanzen zusammenwirken oder sich gegenseitig hemmen. Schon heute wird Senfmehl eingesetzt, um Unkraut am Wachstum zu hindern oder Thymianöl, um das Keimen von gelagerten Kartoffeln zu verhindern.

> *»Es gibt kein spezielles Gen für hohen Ertrag, das man in die Pflanzen einschleusen könnte.«*

Darüber hinaus wird der Ausweitung der Bewässerung und verbesserten Bewässerungstechnologien eine gewichtige Rolle zuteil werden. Hier stehen sowohl Hightech- als auch Lowtechsysteme bereit. Gerade unser Besuch in Indien hat gezeigt, wie wichtig eine optimierte Technik und Wasserhaushaltung sein kann. Gleichzeitig sollte man auch den Anbau an die Wasserverfügbarkeit anpassen; besonders wasserbedürftige Pflanzen in Gegenden mit künstlicher Bewässerung anzubauen, macht aus Sicht der Schonung der Ressource Wasser wenig Sinn.

Abfallmengen verringern

»Wir werfen die Hälfte unserer Lebensmittel weg.« Derartig rei-
ßerische Kolumnentitel haben in den letzten Jahren Konjunktur.
Der Bericht *Global food losses and food waste* der FAO aus dem
Jahr 2011 betont jedoch, dass es große Lücken in unserem Wissen über die Lebensmittelverluste, vor allem im unteren Abschnitt
der Wertschöpfungskette gäbe. In den reichen Ländern fallen die
größten Abfallmengen im Einzelhandel an, während die Verluste
in den armen Ländern vor allem bei der Lagerung der Ernten zu
verzeichnen sind.

Weltweit gehen dem Bericht zufolge bis zu einem Drittel aller
für den menschlichen Verzehr produzierten Lebensmittel verloren, alles in allem etwa 1,3 Milliarden Tonnen. Im Durchschnitt
werfen europäische und nordamerikanische Konsumenten pro
Jahr etwa 100 Kilo Lebensmittel weg, während es in Afrika noch
nicht einmal zehn Kilo sind – und das obwohl dort nur sehr wenige Menschen einen Kühlschrank oder andere geeignete Vorrich-
tungen zur Lagerung von Lebensmitteln besitzen.

»Die Lebensmittel sind zu billig, sonst würden wir nicht so
viel davon wegwerfen«, sagt Hans Herren, Präsident des *Milleni-
um Institute* in Washington und 1995 Empfänger des Welternäh-
rungspreises.

Unsere Ernährungsgewohnheiten ändern

Der Globalisierung zum Trotz sind die Ernährungsgewohnheiten
je nach Kulturkreis, Land oder Kontinent immer noch sehr unterschiedlich. Die traditionellen Agrargesellschaften produzierten

ihre Nahrungsmittel häufig im Einklang mit den vorhandenen Ressourcen. Landschaft, Nahrung und Landbewirtschaftung waren eng miteinander verknüpft und griffen ineinander. Das kalte Klima Skandinaviens eignete sich für eine auf Tierhaltung ausgerichtete Landwirtschaft vor allem von Kühen, die sich von Gras oder Heu ernährten. In vielen Wüstengebieten stellte das Wanderhirtentum die beste ökologische Anpassung an den Lebensraum dar. Durch seine künstlich bewässerten Reiskulturen konnte Asien große Bevölkerungsmengen auf engem Raum ernähren, dagegen ließen die ökologischen Gegebenheiten keine Tierhaltung in größerem Maßstab zu, abgesehen von den Büffeln, die als Zugtiere genutzt wurden. Die karge bergige Landschaft rund um das Mittelmeer mit seinem sommertrockenen Klima eignete sich am besten für den Anbau von verschiedenen Bäumen und Sträuchern, die Nüsse, Oliven, Weintrauben oder Zitrusfrüchte hervorbrachten. Zwischen den Bäumen wurde Gemüse oder Getreide angebaut oder, wenn der Boden schlecht war, ließ man dort Tiere weiden. Frischmilch war aufgrund des Klimas und weil Hirten die Tiere oft in entlegenen Gebieten weiden ließen, kein Teil der täglichen Nahrung.

Heute herrscht kein Zweifel darüber, dass wir zu viel Fleisch konsumieren, sowohl zu unserem eigenen Nachteil als auch zum Nachteil der Natur. Ein Großteil der Agrarflächen wird zum Anbau von Futtermittelpflanzen genutzt, die Angaben schwanken hier zwischen einem bis zu zwei Dritteln der globalen landwirtschaftlichen Nutzfläche. Kühe, Schafe und Ziegen können und sollten sich von Grünfutter ernähren und konkurrieren so nicht direkt mit den Menschen um Nahrung. In zunehmendem Umfang werden an die Tiere auch Getreide und anderes Kraftfutter, zum Beispiel Soja, verfüttert, für das Savannen oder Regenwälder weichen müssen. Darüber hinaus »sitzt« insbesondere die Kuh als »Klimakiller« immer öfter auf der Anklagebank, weil ein hoher Besatz mit Widerkäuern große Mengen des Treibhausgases Methan produziert. Eine Reduzierung des Fleischkonsums könnte daher die negativen Auswirkungen der Landwirtschaft auf das Klima tatsächlich verringern.

>>Die Lebensmittel sind zu billig, sonst würden wir nicht so viel davon wegwerfen.<<

Man sollte sich allerdings bewusst sein, dass man die Tiere nicht aus dem Produktionssystem nehmen kann, ohne dass dies vielerlei Auswirkungen auf die Landwirtschaft hätte. Es ist kein Zufall, dass alle Landwirtschaft betreibenden Gesellschaften keine streng vegetarische Ernährung kennen. Eine Kombination aus Pflanzenanbau und Viehzucht in einem ausgewogenen Verhältnis war eine überaus erfolgreiche Strategie, um die Produktion zu steigern und das Nahrungsangebot zu erhöhen. Viele Beratungsorganisationen sehen in der Kombination von Ackerbau und Viehzucht ein großes Potenzial für eine Reduzierung des Hungers beziehungsweise eine ausgewogenere Ernährung. Vor allem in Afrika sind diese beiden Grundrichtungen der Landwirtschaft häufig voneinander getrennt, vielfach sogar bei verschiedenen Völkern angesiedelt. Eine Kuh oder ein paar Ziegen, die Futter fressen, das in einer Fruchtfolge angebaut wurde, können die Nahrungsmittelproduktion steigern, statt sie zu verringern. Hühner und Schweine sind exzellente Verwerter für Rückstände aus der Bioenergie- und Nahrungsmittelproduktion.

In kleinerem Umfang können die Tiere auch Nischen in der Kulturlandschaft besetzen. Kühe, Ziegen oder Schafe, die naturbelassene Flächen in Hälsningland, Namibia oder Montana bewei-

Sieht so die Zukunft der Ernährung aus? Vielerorts wird mit Nahrungsmitteln aus der Retorte geforscht, vor allem die Proteinversorgung in den sogenannten Entwicklungsländern steht hier im Fokus. Als vielversprechende Eiweißquelle gelten vor allem Algen.

den, nutzen Land, das sich nicht für den Pflanzenanbau eignet, da es dort entweder zu kalt oder zu trocken ist. Würde man diese Tiere aus dem System nehmen, ergäbe das nicht mehr Nahrung, sondern weniger.

Wenn es darum geht, mehr Nahrung pro Flächeneinheit zu erzeugen, sollte sich die Diskussion nicht einfach nur um mehr oder weniger Fleisch drehen. Es macht keinen Sinn, einen globalen Durchschnittswert dafür zu errechnen, wieviel Fleisch wir essen dürfen, genauso wenig wie wir Kartoffeln, Käse, Datteln, Weizen oder Reiswein auf alle gleich verteilen können. Aus Umweltgesichtspunkten und einer globalen Solidarität heraus lautet der beste Ernährungstipp, die Ernährung auf diejenigen Nahrungsmittel zu gründen, die sich mit vertretbarem Aufwand und ökologischen Methoden lokal produzieren lassen und das Klima schonen. Dadurch würde man den Artenreichtum fördern und zu einer Stärkung des ländlichen Raums beitragen.

Kapitel IX

Ein Blick in den Kühlschrank der Zukunft

In Zukunft werden wir wissen, welcher Zusammenhang zwischen dem Inhalt unseres Kühlschranks, der Landschaft, der Natur, der Landwirtschaft und der Nahrung, die wir essen, besteht. Wir ernähren uns abwechlungsreich. Wir tun das in unseren Kochtopf, was in unserer Region produziert wurde, und stärken so den ländlichen Raum.

Die Antwort auf die Frage

Die entscheidende Frage lautet nicht, ob wir eine wachsende Weltbevölkerung ernähren können – das können wir –, sondern *wie*. Und bei diesem *Wie* geht es einerseits um die eingesetzte Technologie, aber mindestens ebenso sehr um Wirtschaftlichkeit und die sozialen Umstände.

Heute arbeitet nur ein verschwindend geringer Teil der Bevölkerung in den Industrienationen in der Landwirtschaft. Wir glauben, dass die Landwirtschaft keine besonders wichtige Rolle (mehr) spielt, doch diese Sichtweise ist falsch. Die Land- und Forstwirtschaft geben uns die besten Werkzeuge an die Hand, um die Natur und ihre Ökosystemleistungen zu schützen und weiterzuentwickeln – und sie sind trotz all unserer technologischen Errungenschaften die Grundlage für unser Überleben auf der Erde. Die Agrarlandschaft ist der am weitesten verbreitete Landschaftstyp auf der Erdoberfläche und die Landwirtschaft bestimmt, was wir essen. Wir ernten nunmal nur das, was wir säen.

Es mag sein, dass man Kulturen in der modernen Landwirtschaft hochtechnisiert und mit chemischen Hilfsmitteln betreiben und durch sorgfältige Kontrolle und Überwachung die unmittelbaren Schäden für die Gesundheit, die Umwelt und die Natur weitestgehend gering halten kann. Aber bis dahin ist es noch ein weiter Weg, sofern wir ihn überhaupt schon eingeschlagen haben. Unserer Ansicht nach ist das alte System bereits gescheitert. Die Logik, die hinter der industriellen Landwirtschaft steht, führt auch zu einer biologisch, kulturell und sozial verarmten Landwirtschaft. Die ausgedehnte Felderwirtschaft als sichtbares Resultat der industriellen Landwirtschaft bietet wenig Lebensraum: für Igel, Schmetterlinge und Lärchen, aber auch für Landwirte, die anders produzieren möchten. Dieses System ist darüber hinaus auch anfällig für Störungen und von einer externen Energieversorgung abhängig. Wenn sie scheitert, hat die Menschheit ein gewaltiges Problem.

>>Land- und Forstwirtschaft geben uns die˙ besten Werkzeuge an die Hand, um die Natur und ihre Ökosystemleistungen zu bewahren und weiterzuentwickeln.<<

Am Ende wird auch unsere Ernährung so einseitig sein wie das Landschaftsbild. Ein ausgestorbener Vogel hier, eine zugewucherte Weidefläche dort, der einsame Bauer, eine ausgestorbene Landrasse, eine Wurst- oder Käsesorte, die es nicht mehr gibt – das alles hängt miteinander zusammen. Das heißt nicht, dass unsere Landwirtschaft oder unsere Ernährung für alle Zeiten immer gleich bleiben muss, das ist weder wünschenswert noch möglich, aber hinter der Entwicklung sollte etwas anderes stehen als die Diktatur des Geldes.

Hier finden wir auch Antwort auf die provokante Frage, die wir eingangs gestellt haben, ob wir in den wohlhabenden Ländern Europas die »klassische« Landwirtschaft überhaupt noch brauchen. Betrachtet man es von der industriellen Logik her, lautet die Antwort nein. In dem Fall sollten wir lieber auf die Produktion von

Papier und Autos setzen oder auf Erzeugnisse des Maschinenbaus und der chemischen Industrie. Den Großteil unserer Nahrung können wir importieren: aus Hightechbetrieben der Niederlande, aus Mato Grosso oder dem Mittleren Westen der Vereinigten Staaten. Möchten wir jedoch eine reiche Landschaft und eine abwechslungsreiche Ernährung, die sich auf biologisch nachhaltig erzeugte Produkte gründet, müssen wir die Landwirtschaft in unserem Umfeld fördern. Nicht, weil heimische Nahrung immer die Beste ist, sondern weil wir hier leben und dafür verantwortlich sind, die Umwelt und die Entwicklungsmöglichkeiten vor Ort zu erhalten. Das ist nichts anderes, als sich um sein Grundstück und den Garten zu kümmern oder sich in der Schule seiner Kinder zu engagieren.

Die Landwirtschaft kann und sollte auf eine ökologische Weise betrieben werden. Natürlich wird es weiterhin vereinzelt Situationen geben, in denen man einen bestimmten Schädling nicht mit ökologischen Methoden bekämpfen kann. Möglicherweise gibt es auch Anbausituationen, in denen ein Einsatz von Kunstdünger nötig ist, um den Nährstoffmangel des Bodens auszugleichen. Aber das wäre die Ausnahme und nicht, wie heute, die Regel. Im Zuge einer Weiterentwicklung der ökologischen Landwirtschaft müssen wir den Vertrieb und den Lebensmittelkonsum ändern, damit sich der Kreislauf schließen kann. Jedes Kilo Stickstoff oder Phosphor, das nicht in den Boden zurückgeführt wird, entweicht an anderer Stelle, verursacht Kosten für die Bauern und stellt eine Verschmutzung unserer Umwelt dar.

Wir müssen eine Reihe weniger intensiver Anbausysteme erhalten, die sich hauptsächlich durch ihre Biodiversität auszeichnen, müssen neue, artenreiche Agrarökosysteme schaffen und eine größere Anzahl ökologisch intensiver Anbausysteme entwickeln, in denen sich die Ernten in rascher Folge ablösen und die Nährstoffumwandlung rasch vonstattengeht.

Nur allzu leicht hält man sich bei der Diskussion um Anbaumethoden und Viehzucht auf und verliert dabei andere Funktionen aus dem Blick. Die Entscheidung der Landwirte ist von einer Vielzahl kleinerer wirtschaftlicher Erwägungen abhängig, aber es gibt bis dato keine entsprechende Kraft, die sich in der Landwirtschaft um den Schutz unseres Planeten kümmert. Die heutigen Beihilfen, die in Form von Entschädigungszahlungen für Umweltpflege beispielsweise in der EU an die Bauern gezahlt werden, entsprechen nur ein paar Prozent des Produktionswertes der Landwirtschaft und sind in keinerlei Hinsicht ausreichend. Sie sind auch nicht sonderlich zielgerichtet und sollten deshalb geändert werden. Oft geht es auch einfach darum, die weitere Existenz der Landwirtschaft zu sichern, denn nur wenn die Landwirtschaft bleibt, können auch Umweltdienstleistungen erbracht werden. Oft bekommen wir zu hören, dass unser Konsum die Welt steuert und dass unsere Wahl als Verbraucher darüber entscheidet, welche Art von Landwirtschaft betrieben wird.

Selbstverständlich spielt es auch eine große Rolle, was wir einkaufen – und wo. Fertiggerichte der großen Lebensmittelhersteller in großen Supermarktketten zu kaufen, trägt jedenfalls nicht dazu bei, unsere Speisekarte abwechslungsreich zu gestalten. Aber es wäre naiv zu glauben, die Welt ausschließlich durch ein anderes Konsumverhalten ändern zu können. Grüner Konsum, also mit Bio-Siegeln ausgezeichnete Produkte zu kaufen, ist gut und wichtig, aber es reicht nicht aus. In Deutschland werden etwa sechs Prozent der landwirtschaftlichen Nutzfläche nach ökologischen

Kriterien bestellt, und nur knapp vier Prozent des Nahrungsmittelmarktes entfallen auf die ökologische Produktion, obwohl Umfragen zeigen, dass sich die große Mehrheit der Bevölkerung Bioprodukte wünscht. Staatliche Subventionen für den Ökolandbau sind ein ebenso wichtiger Motor für die Umstellung, wie es der Markt ist. Es ist davon auszugehen, dass die landwirtschaftlichen Betriebe, die gute Voraussetzungen für die Ökolandwirtschaft haben, ihre Produktion bereits umgestellt haben, und dass es stärkerer Regelungen bedarf, um die gesamte Landwirtschaft auf »Bio« umzustellen.

»Der Großbauer wird sehr bald allein auf weiter Flur sein.«

Der internationale und regionale Handel kann sich sowohl auf die Umwelt als auch auf unsere Ernährung positiv auswirken. Es gibt Regionen auf der Welt, die sich einfach nicht selbst ernähren können, zum Beispiel Japan. Nahrungsmittel aus Gegenden, in denen es gute Ernten gab, in Regionen, in denen die Ernten schlecht waren, zu bringen, ist auch rationeller, als wenn alle Gebiete Selbstversorger wären und auf großen Reserven säßen. Aber der internationale Wettbewerb, die Weltmarktpreise und der Handel arbeiten gegen optimierte Kreisläufe und eine stärkere Verknüpfung von Lebensmittelproduktion und Konsum. Sie forcieren die weitere Rationalisierung und die regionale und weltweite Spezialisierung, die wiederum Landschaft einseitig und unseren Lebensmittelkorb eintönig werden lassen. Irgendwie müssen entweder der Handel an sich oder dessen Auswirkungen beschränkt werden. Vor allem der Preisdruck muss nachlassen, der infolge des Handels entstanden ist. Dies jedoch, ohne sich abzuschotten.

»Die weiße Peitsche« nannte der schwedische Schriftsteller Ivar Lo Johansson die Verpflichtung der Landarbeiter-Ehefrauen, auf dem Gut, wo ihre Männer Tagelöhner waren, das Melken der Kühe zu besorgen. Natürlich ist es gut, dass man Dünger nicht mehr von Hand schaufeln muss und die weiße Peitsche nicht mehr über die Rücken der Mägde saust. Arbeit in der Landwirtschaft einzusparen und mehr pro Kopf zu produzieren, war damals die höchste Priorität. Das ist in den Entwicklungsländern immer noch ein gutes Ziel, denn nur wenn weniger Menschen als Bauern arbeiten, dafür eine höhere Schulbildung bekommen und in der Krankenpflege oder in der Fabrikation eingesetzt werden, können die Länder des Südens der Armutsfalle entkommen. Das Einkommen der Bauern kann dort nur erhöht werden, wenn weniger Menschen als Bauern arbeiten. In der Landwirtschaft der Industrienationen sollte man das Streben danach, ständig Arbeitskräfte einzusparen, neu überdenken. Eine weitere Rationalisierung wird nur den ländlichen Raum und das Arbeitsumfeld der Bauern verarmen lassen. Der Großbauer wird dann sehr bald allein auf weiter Flur sein.

Wie soll unsere Zukunft in 30 Jahren aussehen?

Die größte Herausforderung für alle Voraussagen ist das, was wir noch nicht wissen können. Neue Technologien haben nicht nur auf dem Gebiet der Landwirtschaft eine Reihe von gesellschaftlichen Veränderungen bewirkt und es ist anzunehmen, dass technische Fortschritte auch in Zukunft wichtig sein werden. Aber es gibt auch noch andere Arten von Veränderungen – ideologisch und politisch gesehen –, die alles ordentlich durcheinanderbringen können. Sicher ist nur, dass die Zukunft anders sein wird, als wir heute annehmen. Über das hinaus, was man glaubt, dass passieren wird, hat auch jeder seine Vorstellung davon, was passieren sollte und was durchführbar erscheint. Das trifft auch auf uns zu, die wir dieses Buch geschrieben haben, und es beeinflusst unsere Vorstellung von der Zukunft. Aber bevor wir unsere Vision schildern, folgen hier zunächst ein paar Vermutungen.

Es ist davon auszugehen, dass die Weltbevölkerung sich um weitere zwei bis drei Milliarden Menschen vergößern wird; danach wird die Bevölkerungszahl vermutlich stagnieren, bevor sie leicht zu sinken beginnt. Im Augenblick sorgen wir uns darum, ob die Nahrung für alle reichen wird, aber es ist tatsächlich wahrscheinlich, dass wir einen kräftigen Überschuss an Agrarprodukten haben werden, wenn die Weltbevölkerung schließlich nicht weiter ansteigt – zumindest, *sofern* wir die Probleme der Energieversorgung in den Griff bekommen und wenn der Treibhauseffekt nicht unsere Produktionskapazität zerstört. Zwei außerordentlich wichtige Faktoren.

Wir sehen im Großen und Ganzen stark steigende Energiepreise durch die erhöhten Kosten der Gewinnung fossiler Energie, Steuern oder Abgaben für Klimakompensation und Kosten für die Energieumstellung auf uns zukommen. Wenn die Ölpreise steigen, werden die Lebensmittelpreise unvermeidlich nachziehen, weil die Energiekosten einen wesentlichen Teil des Nahrungsmittelpreises ausmachen. Doch nicht nur das: Wenn die Energiepreise steigen, nimmt die Attraktivität von Biokraftstoffen zu, deren Produktion mit der Erzeugung von Nahrungsmitteln konkurrieren wird. Die Transportkosten werden anziehen und der Wettbewerb auf dem Lebensmittelmarkt wird abnehmen, was wiederum die Nahrung verteuert. Doch selbst in Zukunft wird Energie, verglichen mit menschlicher Arbeitskraft, billig sein, eine Rückkehr zu von Hand verrichteter Arbeit in großem Umfang ist weder wahrscheinlich noch wünschenswert. Andere Agrarprodukte werden nach

»Die Landwirtschaft der Zukunft wird ökologisch betrieben werden – ökologischer als wir uns das heute vorstellen können.«

wie vor über weite Strecken auf dem Seeweg transportiert werden, während Überlandtransporte abnehmen und es Luftfracht gar nicht mehr geben wird.

Die Landwirtschaft wird stark durch die Klimaveränderungen beeinflusst werden. Obwohl die Menschheit schnell die richtigen

Weichen stellen muss, um die Auswirkungen des Klimawandels hinauszuzögern oder auf dem jetzigen Niveau zu halten, wird dies Zeit brauchen. Die Veränderungen werden weitreichend sein, aber sich in den verschiedenen Teilen der Welt auch stark unterscheiden. Die Klimagrenzen für verschiedene Pflanzen werden sich verlagern; in Schweden ist bereits die Verschiebung der Baumgrenze zu beobachten. Dem schwedischen Landwirtschaftsministerium zufolge können sich die Klimagrenzen um einen Meter pro Stunde oder zehn Kilometer pro Jahr verlagern. Bei unserem Indienbesuch wurde uns erzählt, dass sich der Erntebeginn der Mango bereits um zwei Monate verschoben habe. Weite Gebiete in Nordamerika, Skandinavien und Russland, die zu kalt für den Landbau waren, werden bewirtschaftet werden können, während andere Gegenden, in denen hunderte Millionen Menschen leben, zu warm und niedrig gelegene Gebiete, überflutet werden. Es wird eine große Herausforderung für die Landwirte auf dieser Erde und für die ganze Welt sein, sich an die kommenden Klimaveränderungen anzupassen. Eine vielfältigere Landwirtschaft, mehrere Pflanzen oder verschiedene Sorten derselben Pflanze anzubauen, ist eine Möglichkeit, um für die unberechenbaren Wetterverhältnisse besser gerüstet zu sein. Politische Instrumente, die die Emission von Treibhausgasen in der Landwirtschaft oder die Nutzung des Bodens als Kohlenstoffsenke regeln, werden vermutlich ebenfalls eingeführt werden.

Die Landwirtschaft wird in den armen Ländern in raschem Tempo rationalisiert. In den reichen Ländern vollzieht sich eine Umstellung der Landwirtschaft hin zu geschlosseneren Kreisläufen, weniger Spezialisierung und etwas höherem Arbeitsaufwand bei geringerem Energieverbrauch. Die biologische Vielfalt und die Landschaft zu bewahren und natürliche Regenerationsprozesse wie die Wasserreinigung, die Bildung von Mutterboden und die Klimaregulierung aufrechtzuerhalten oder wiederherzustellen, sind ebenso wichtige Aufgaben der Landwirtschaft wie ihre Kernaufgabe, die Nahrungsmittelproduktion. Die Landwirtschaft, die Landschaft und die Nahrung könnten in den Ländern Mitteleuropas in Zukunft folgendermaßen aussehen:

Unsere Landwirtschaft

Die Landwirtschaft der Zukunft wird ökologisch betrieben, sogar in noch stärkerem Maße als das, was wir heute unter diesem Begriff zusammenfassen. Landwirtschaftliche Technologien, die auf das gegenseitige Zusammenwirken von Pflanzen und Tieren setzen, werden weiterentwickelt werden. Pflanzenbau und Tierhaltung werden wieder zusammengeführt. Die industrielle Tierhaltung von Geflügel und Schweinen wird der Vergangenheit angehören, stattdessen werden die Tiere auf Grünland mit einer an sie angepassten Vegetation weiden und verschiedene Arten werden zusammen gehalten werden, sodass sie gegenseitig die Parasiten der anderen eindämmen und die Weidefläche besser ausnutzen. Geflügel und Schweine werden dort gezüchtet, wo es preiswerte Rohstoffe in Form von Nahrungsmittelabfällen, Rückständen aus der Lebensmittelindustrie oder von der Bioenergieproduktion geben wird. Die Rindfleischproduktion wird wieder an die Milcherzeugung gekoppelt, obwohl in manchen Landschaften eine extensive Weidewirtschaft mit Wildtierzucht einhergehen wird.

Eine größere Anzahl vielseitiger Produktionssysteme und eine starke Einschränkung des Kunstdüngereinsatzes werden zu weniger Schädlingsbefall und Krankheiten führen. Kommt es dennoch zu Kalamitäten, werden sie mit biologischen Methoden bekämpft. Dauerkulturen, wie mehrjährige Getreidesorten und andere permanente Anbausysteme breiten sich aus. Durch neue Zuchtverfahren sind mehr Pflanzen entwickelt worden, die Stickstoff binden können. Bioenergieerzeugung auf Ackerland wird in vielen Ländern ein wichtiger Faktor sein. In Großbritannien und Norddeutschland wird es eine umfassende Grünlandwirtschaft für die Biogasherstellung und andere Energiepflanzen geben, für waldreiche Länder wie Schweden wird es darüber hinaus reizvoller geworden sein, Forstrohstoffe für die Bioenergieproduktion zu nutzen. Die Landwirtschaft wird – erneut – ein Nettoenergieerzeuger. Traktoren kommen immer, wenn auch seltener, zum Einsatz und fahren intelligenter, werden jedoch mit Biogas oder Biodiesel betrieben, der in Bioenergiefabriken hergestellt wird.

Die Menschen, die Landschaft und die biologische Vielfalt

Die produzierten Nahrungsmittel und die Landwirtschaft werden wie früher das Landschaftsbild prägen. Zugewucherte naturbelassene Weideflächen werden wieder für die Milch- und Fleischerzeugung in Bewirtschaftung genommen werden. Wertvolle Überbleibsel der historischen Agrarlandschaft, wie Trockensteinmauern und Feldgehölze, werden erhalten und Teile der Natur, wie trockengelegte Feuchtgebiete werden genauso wiederhergestellt werden wie ertränkte Moore. Neue Minibiotope, Wasserlöcher und Wäldchen sind in den Ebenen angelegt worden. Es wird auch ganz neue Landschaftstypen geben, zum Beispiel für Bioenergiepflanzen in Kombination mit Geflügelmast oder eine gemischte Haltung von Schafen und Wild. Der Boden ist fast immer bewachsen, um ihn vor Erosion zu schützen und die Nährstoffe zu erhalten. Die Schweine werden abwechselnd auf verschiedenen Flächen gehalten, um den Boden für die Pflanzen zu bereiten und das Unkraut zu fressen, wenn es Überhand nimmt. In Stadtnähe wird es intensiven urbanen Gartenbau und Gewächshäuser geben, die mit Abwärme beheizt werden.

Die Vielfalt kehrt zurück: Unterschiedlichste Pflanzen werden die Landschaft in immer neue Farben tauchen, ihre Blüten werden Bienen und Schmetterlingen Nahrung bieten.

Die Zahl der Beschäftigten in »grünen Initiativen« ist wieder gestiegen. Mehr Menschen kümmern sich um die Tiere, mehr Menschen sind in der Landschaftspflege tätig und erhalten die vielen lebendigen Ökosysteme und die ökologischen und kulturellen Nischen in der Landschaft. Energieanalytiker, Umweltschutztechniker und Ökosystem-Ingenieure unterstützen die Bauern. So wie früher üben viele Landbewohner mehrere Tätigkeiten aus. Der ländliche Raum ist attraktiver geworden, sowohl für den Tourismus als auch als Wohnort. Bestimmte Gruppen von Einwanderern werden eine Landwirtschaft aufgebaut haben, die von den landwirtschaftlichen Systemen ihrer Heimatländer beeinflusst ist. Ihre herkömmliche Nahrung haben sie teilweise unseren Ernährungsgewohnheiten angepasst, indem sie gewisse Grundnahrungsmittel gegen andere, die bei uns gedeihen, ausgetauscht haben. Mehr Menschen werden Obst und Gemüse anbauen, fischen, in der reichen Natur Nahrung sammeln und jagen, aber auch in den Städten Gartenbau betreiben, weil auch dort die Nahrungsmittelproduktion mit anderen Aufgaben kombiniert sein wird.

Die Nahrung

Lebensmittel sind teurer geworden, aber wir zahlen jetzt einen angemessenen Preis dafür. Nutzpflanzen wie Getreide und Baumwolle, die heute einseitig unter hohem Kunstdüngereinsatz angebaut werden, sind im Preis gestiegen. Brot und andere Formen von Getreide sind immer noch wichtige Nahrungsmittel, so wie sie es Tausende von Jahren waren – und selbst bei höheren Preisen noch preiswert. Auf unseren Tellern ist eine größere Fülle an Gemüsesorten zu finden. Es werden wieder mehr Kartoffeln gegessen, der Konsum von Knollengewächsen ist gestiegen sowie der von Bohnen und Erbsen jeglicher Art und die Hülsenfrüchte werden mehrheitlich nicht mehr importiert. Paprika, Tomaten und Gurken spielen eine untergeordnete Rolle auf unseren Tellern, zumindest im Winter. Überhaupt werden sich die Jahreszeiten stärker in unserem Kühlschrankinhalt widerspiegeln.

Der Fleischkonsum wird abnehmen. Fleisch wird zu einer Delikatesse werden; teuer, aber seinen Preis wert. Eier, Schweinefleisch, Geflügel und nicht zuletzt Getreide werden höhere Umweltkriterien und ethische Standards erfüllen müssen und deshalb kostspieliger. Das Rindfleisch, das wir essen, stammt hauptsächlich aus der Grünlandhaltung; die Rinder werden viel mehr weiden und die Landschaft öffen halten. Milch- und Molkereierzeugnisse werden auch in Zukunft in unseren Haushalten zu finden sein und einen wesentlichen Anteil unserer Nahrung ausmachen.

Schweine werden als »Weidetiere« eingesetzt. Durch ihre wühlende Tätigkeit bereiten sie den Boden auf und sind ganz nebenbei perfekte Unkrautvernichter.

Durch neue Zuchttechniken sind Muscheln preiswerte Nahrung geworden, aber auch Algen und andere Lebensmittel pflanzlichen Ursprungs aus dem Meer werden vermehrt gegessen. Fisch stammt aus nachhaltiger Fischerei und aus Fischzüchtungen, die in die landwirtschaftlichen Systeme integriert wurden.

Für die Herstellung von Lebensmitteln mit besonderen Eigenschaften und für bestimmte teure Lebensmittel sind verschiedene synthetische Verfahren entwickelt worden, aber die Rohstoffe dieser Lebensmittel stammen nach wie vor von landwirtschaftlich erzeugten Produkten. Sogenanntes Fast Food werden wir immer noch essen, aber freiwillige Vereinbarungen, ein gesteigertes Gesundheitsbewusstsein und staatliche Vorschriften werden die Transfette, bestimmte künstliche Süßungsmittel und viele Lebensmittelzusätze aus unserer Nahrung verbannt haben.

Waren aus dem Ausland nehmen nicht mehr so viel Raum ein wie früher. Bestimmte Delikatessen wie Schinken oder Käse werden nach wie vor aus Italien oder Frankreich bezogen, aber in geringerem Maße. Dagegen werden wir weiterhin Waren aus (sub-)tropischen Ländern, etwa Tee, Kaffee und Kakao sowie Zucker und zu Zeiten, in denen es im »kalten« Europa keine Früchte gibt, auch Frischobst importieren. Einen Transport von Früchten per Luftfracht wird es jedoch nicht mehr geben.

Unsere Kühlschränke enthalten nicht mehr so viel verdorbene Lebensmittel wie früher. Nahrung nicht zu verschwenden, ist nicht nur »in«, sondern auch selbstverständlich geworden. Die Kühlschränke sind kleiner, weil wieder mehr getrocknete, gesäuerte, eingelegte und konservierte Lebensmittel gegessen werden. Vorratskammern, Erdkeller und andere Räumlichkeiten zur Lagerung von Lebensmitteln sind wieder gebräuchlich. Die Menschen verwenden mehr Zeit auf die Nahrungszubereitung. Wir haben bereits vor 30 Jahren erkannt, dass uns etwas Wertvolles verloren gegangen wäre, wenn wir unser Essen nicht mehr selbst gekocht und gegen Fertignahrung ausgetauscht hätten. Wir haben erkannt, dass wir, wenn wir unsere Nahrungsmittelproduktion ernsthaft verändern wollen, mehr über die ganze Nahrungsmittelkette lernen müssen und dass das Lernen bereits am Herd und am Esstisch ansetzt. Nachdem wir lange gefordert haben, dass unsere Kinder in der Schule wieder mehr Hauswirtschaftsunterricht erhalten sollten, um zu lernen, wie gutes Essen gekocht wird und schmecken soll, damit sie zu bewussten Verbrauchern heranwachsen, wurde uns klar, dass auch wir Erwachsene das wieder lernen müssen.

»Mama, wir haben keine Milch mehr«, schreit der Junge aus der Küche.

»Dann lauf zum Laden und kauf' welche!«

Manche Dinge werden erst einmal so bleiben, wie sie sind.